सदाबहार कहानियाँ

सआदत हसन मंटो

सदाबहार कहानियाँ

सआदत हसन मंटो

युवान बुक्स

युवान
बुक्स

अनबाउंड स्क्रिप्ट का उपक्रम

सदाबहार कहानियाँः सआदत हसन मंटो

ISBN : 978-93-92088-45-2

प्रकाशक : **अनबाउंड स्क्रिप्ट**
2/41, अंसारी रोड
दरियागंज, दिल्ली–110002
वेबसाइट : www.unboundscript.com
ई-मेल : books@unboundscript.com
फोन : 011-35807601
मुद्रक : **विकास कम्प्यूटर एंड प्रिंटर्स**
लोनी, गाजियाबाद, उत्तर प्रदेश

मूल्य : ₹ 125/-

अनुक्रम

टोबाटेक सिंह

बटवारे के दो-तीन साल बाद पाकिस्तान और हिंदोस्तान की हुकूमतों को ख़्याल आया कि अख़लाक़ी कैदियों की तरह पागलों का तबादला भी होना चाहिए यानी जो मुसलमान पागल, हिंदोस्तान के पागलख़ानों में हैं उन्हें पाकिस्तान पहुंचा दिया जाये और जो हिंदू और सिख, पाकिस्तान के पागलखानों में हैं उन्हें हिंदोस्तान के हवाले कर दिया जाये।

मालूम नहीं ये बात माकूल थी या गैरमाकूल, बहरहाल दानिशमंदों के फैसले के मुताबिक इधर उधर ऊंची सतह की कांफ्रेसें हुईं और बिलआखिर एक दिन पागलों के तबादले के लिए मुक़र्रर हो गया। अच्छी तरह छानबीन की गई। वो मुसलमान पागल जिनके लवाहिकीन हिंदोस्तान ही में थे, वहीं रहने दिए गए थे। जो बाकी थे, उनको सरहद पर रवाना कर दिया गया।

यहां पाकिस्तान में चूँकि करीब-करीब तमाम हिंदू-सिख जा चुके थे इसीलिए किसी को रखने रखाने का सवाल ही न पैदा हुआ। जितने हिंदू-सिख पागल थे सबके सब पुलिस की हिफाजत में बॉर्डर पर पहुंचा दिए गए।

उधर का मालूम नहीं, लेकिन इधर लाहौर के पागलखाने में जब इस तबादले की खबर पहुंची तो बड़ी दिलचस्प चेमिगोईयां होने लगीं। एक मुसलमान पागल जो बारह बरस से हर रोज बाकायदगी के साथ 'जमींदार' पढ़ता था, उससे जब उसके एक दोस्त ने

पूछा, "मौलबी साब! ये पाकिस्तान क्या होता है?" तो उसने बड़े गौर-ओ-फिक्र के बाद जवाब दिया, "हिंदोस्तान में एक ऐसी जगह है जहां उस्तरे बनते हैं।" ये जवाब सुन कर उसका दोस्त मुतमइन हो गया।

इसी तरह एक सिख पागल ने एक दूसरे सिख पागल से पूछ, "सरदार जी हमें हिंदोस्तान क्यों भेजा जा रहा है... हमें तो वहां की बोली नहीं आती।"

दूसरा मुस्कुराया, "मुझे तो हिंदोस्तोड़ों की बोली आती है... हिंदोस्तानी बड़े शैतानी, अकड़-अकड़ फिरते हैं।"

एक दिन नहाते नहाते एक मुसलमान पागल ने पाकिस्तान जिंदाबाद का नारा इस जोर से बुलंद किया कि फर्श पर फिसल कर गिरा और बेहोश हो गया।

बा'ज पागल ऐसे भी थे जो पागल नहीं थे। उनमें अक्सरियत ऐसे कातिलों की थी जिनके रिश्तेदारों ने अफसरों को दे दिला कर, पागलखाने भिजवा दिया था कि फांसी के फंदे से बच जाएं। ये कुछ कुछ समझते थे कि हिंदोस्तान क्यों तक़्सीम हुआ है और ये पाकिस्तान क्या है। लेकिन सही वाक़ियात से वो भी बेखबर थे।

अख्बारों से कुछ पता नहीं चलता था और पहरेदार सिपाही अनपढ़ और जाहिल थे। उनकी गुफ्तुगूओं से भी वो कोई नतीजा बरामद नहीं कर सकते थे। उनको सिर्फ इतना मालूम था कि एक आदमी मोहम्मद अली जिन्ना है जिसको क़ाइदे-ए-आजम कहते हैं। उसने मुसलमानों के लिए एक अलाहिदा मुल्क बनाया है जिसका नाम पाकिस्तान है... ये कहाँ है, उसका महल-ए-वक़ूअ क्या है, उसके मुतअल्लिक वो कुछ नहीं जानते थे।

यही वजह है कि पागलख़ाने में वो सब पागल जिनका दिमाग पूरी तरह माऊफ नहीं हुआ था, इस मुखसमे में गिरफ्तार थे कि

वो पाकिस्तान में हैं या हिंदोस्तान में... अगर हिंदोस्तान में हैं तो पाकिस्तान कहाँ है!

अगर वो पाकिस्तान में हैं तो ये कैसे हो सकता है कि वो कुछ अर्से पहले यहीं रहते हुए भी हिंदोस्तान में थे!

एक पागल तो पाकिस्तान और हिंदोस्तान और हिंदोस्तान और पाकिस्तान के चक्कर में कुछ ऐसा गिरफ्तार हुआ कि और ज्यादा पागल हो गया, झाड़ू देते एक दिन दरख्त पर चढ़ गया और टहनी पर बैठ कर दो घंटे मुसलसल तक़रीर करता रहा जो पाकिस्तान और हिंदोस्तान के नाजुक मसले पर थी।

सिपाहियों ने उसे नीचे उतरने को कहा तो वो और ऊपर चढ़ गया। डराया धमकाया गया तो उसने कहा, "मैं हिंदोस्तान में रहना चाहता हूँ न पाकिस्तान में... मैं इस दरख्त पर ही रहूँगा।"

बड़ी मुश्किलों के बाद जब उसका दौरा सर्द पड़ा तो वो नीचे उतरा और अपने हिंदू-सिख दोस्तों से गले मिल मिल कर रोने लगा। इस ख्याल से उसका दिल भर आया था कि वो उसे छोड़ कर हिंदोस्तान चले जाएंगे।

एक एम.एससी. पास रेडियो इंजिनियर में जो मुसलमान था और दूसरे पागलों से बिल्कुल अलग थलग, बाग की एक खास रविश पर, सारा दिन खामोश टहलता रहता था, ये तब्दीली नुमूदार हुई कि उसने तमाम कपड़े उतार कर दफअदार के हवाले कर दिए और नंग-धड़ंग सारे बाग में चलना फिरना शुरू कर दिया।

चौनयूट के एक मोटे मुसलमान पागल ने जो मुस्लिम लीग का सरगर्म कारकुन रह चुका था और दिन में पंद्रह सौ मर्तबा नहाया करता था, यकलख़्त ये आदत तर्क कर दी। उसका नाम मोहम्मद अली था। चुनांचे उसने एक दिन अपने जंगले में ऐलान कर दिया

कि वो क़ाइद-ए-आजम मोहम्मद अली जिन्ना है। उसकी देखा देखी एक सिख पागल मास्टर तारा सिंह बन गया। करीब था कि इस जंगले में खूनखराबा हो जाये मगर दोनों को ख़तरनाक पागल करार दे कर अलाहिदा अलाहिदा बंद कर दिया गया।

लाहौर का एक नौजवान हिंदू वकील था जो मोहब्बत में नाकाम हो कर पागल हो गया था। जब उसने सुना कि अमृतसर हिंदोस्तान में चला गया है तो उसे बहुत दुख हुआ। उसी शहर की एक हिंदू लड़की से उसे मोहब्बत हुई थी। गो उसने उस वकील को ठुकरा दिया था, मगर दीवानगी की हालत में भी वो उसको नहीं भूला था। चुनांचे वो उन तमाम हिंदू और मुस्लिम लीडरों को गालियां देता था जिन्होंने मिल मिला कर हिंदोस्तान के दो टुकड़े कर दिए, उसकी महबूबा हिंदुस्तानी बन गई और वो पाकिस्तानी।

जब तबादले की बात शुरू हुई तो वकील को कई पागलों ने समझाया कि वो दिल बुरा न करे, उसको हिंदोस्तान भेज दिया जाएगा। उस हिंदोस्तान में जहां उसकी महबूबा रहती है। मगर वो लाहौर छोड़ना नहीं चाहता था इसलिए कि उसका ख्याल था कि अमृतसर में उसकी प्रैक्टिस नहीं चलेगी।

यूरोपियन वार्ड में ऐंगलो इंडियन पागल थे। उनको जब मालूम हुआ कि हिंदोस्तान को आजाद कर के अंग्रेज चले गए हैं तो उनको बहुत सदमा हुआ। वो छुपछुप कर घंटों आपस में इस अहम मसले पर गुफ्तुगू करते रहते कि पागलख़ाने में अब उनकी हैसियत किस क़िस्म की होगी। यूरोपियन वार्ड रहेगा या उड़ा दिया जाएगा। ब्रेकफास्ट मिला करेगा या नहीं। क्या उन्हें डबल रोटी के बजाय ब्लडी इंडियन चपाती तो जहर मार नहीं करना पड़ेगी।

एक सिख था जिसको पागलखाने में दाख़िल हुए पंद्रह बरस हो चुके थे। हर वक्त उसकी जबान से ये अजीब-ओ-गरीब अल्फाज सुनने में आते थे, "ओपड़ दी गुड़ गुड़ दी अनैक्स दी बे ध्याना दी मंग दी दाल उफ दी लालटैन।" देखता था रात को। पहरेदारों का

ये कहना था कि पंद्रह बरस के तवील अर्से में वो एक लहजे के लिए भी नहीं सोया। लेटा भी नहीं था। अलबत्ता कभी कभी किसी दीवार के साथ टेक लगा लेता था।

हर वक़्त खड़ा रहने से उसके पांव सूज गए थे। पिंडलियां भी फूल गई थीं, मगर उस जिस्मानी तकलीफ के बावजूद लेट कर आराम नहीं करता था। हिंदोस्तान, पाकिस्तान और पागलों के तबादले के मुतअल्लिक जब कभी पागलखाने में गुफ्तुगू होती थी वो गौर से सुनता था। कोई उससे पूछता था कि उसका क्या खयाल है तो वो बड़ी संजीदगी से जवाब देता, "ओपड़ दी गुड़ गुड़ दी अनैक्स दी बे ध्याना दी मंग दी वाल ऑफ दी पाकिस्तान गर्वनमैंट।"

लेकिन बाद में "ऑफ दी पाकिस्तान गर्वनमैंट" की जगह "ऑफ दी टोबा टेक सिंह गर्वनमैंट" ने ले ली और उसने दूसरे पागलों से पूछना शुरू किया कि टोबाटेक सिंह कहाँ है, जहां का वो रहने वाला है। लेकिन किसी को भी मालूम नहीं था कि वो पाकिस्तान में है या हिंदोस्तान में। जो बताने की कोशिश करते थे, खुद इस उलझाव में गिरफ्तार हो जाते थे कि सियालकोट पहले हिंदोस्तान में होता था पर अब सुना है कि पाकिस्तान में है।

क्या पता है कि लाहौर जो अब पाकिस्तान में है कल हिंदोस्तान में चला जाये या सारा हिंदोस्तान ही पाकिस्तान बन जाये और ये भी कौन सीने पर हाथ रख कर कह सकता था कि हिंदोस्तान और पाकिस्तान दोनों किसी दिन सिरे से गायब ही हो जाएं।

उस सिख पागल के केस छिदरे हो कर बहुत मुख़्तसर रह गए थे। चूँकि बहुत कम नहाता था, इसलिए दाढ़ी और सर के बाल आपस में जम गए थे, जिसके बाइस उसकी शक्ल बड़ी भयानक हो गई थी। मगर आदमी बेजरर था। पंद्रह बरसों में उसने कभी किसी से झगड़ा फसाद नहीं किया था। पागलखाने के जो पुराने मुलाजिम थे, वो उसके मुतअल्लिक जानते थे कि टोबाटेक सिंह में

उसकी कई जमीनें थीं। अच्छा खाता-पीता जमींदार था कि अचानक दिमाग उलट गया।

उसके रिश्तेदार लोहे की मोटी-मोटी जंजीरों में उसे बांध कर लाए और पागलखाने में दाख़िल करा गए।

महीने में एक बार मुलाकात के लिए ये लोग आते थे और उसकी खैर-खैरियत दरयाफ्त कर के चले जाते थे। एक मुद्दत तक ये सिलसिला जारी रहा। पर जब पाकिस्तान, हिंदोस्तान की गड़बड़ शुरू हुई तो उनका आना बंद हो गया।

उसका नाम बिशन सिंह था मगर उसे टोबाटेक सिंह कहते थे। उसको ये कतअन मालूम नहीं था कि दिन कौन सा है, महीना कौन सा है या कितने साल बीत चुके हैं। लेकिन हर महीने जब उसके अ'जीज-ओ-अक़ारिब उससे मिलने के लिए आते थे तो उसे अपने आप पता चल जाता था। चुनांचे वो दफअदार से कहता कि उसकी मुलाकात आ रही है।

उस दिन वो अच्छी तरह नहाता, बदन पर खूब साबुन घिसता और सर में तेल लगा कर कंघा करता, अपने कपड़े जो वो कभी इस्तेमाल नहीं करता था, निकलवा के पहनता और यूं सज कर मिलने वालों के पास जाता। वो उससे कुछ पूछते तो वो खामोश रहता या कभी कभार "ऊपर दी गुड़ गुड़ दी अनैक्स दी बे ध्याना दी मंग दी वाल ऑफ दी लालटैन" कह देता।

उसकी एक लड़की थी जो हर महीने एक उंगली बढ़ती-बढ़ती पंद्रह बरसों में जवान हो गई थी। बिशन सिंह उसको पहचानता ही नहीं था। वो बच्ची थी जब भी अपने बाप को देख कर रोती थी, जवान हुई तब भी उसकी आँखों से आँसू बहते थे।

पाकिस्तान और हिंदोस्तान का किस्सा शुरू हुआ तो उसने दूसरे पागलों से पूछना शुरू किया कि टोबाटेक सिंह कहाँ है। जब इत्मिनानबख़्श जवाब न मिला तो उसकी कुरेद दिन-ब-दिन बढ़ती गई। अब मुलाकात भी नहीं आती थी। पहले तो उसे अपने आप

पता चल जाता था कि मिलने वाले आ रहे हैं, पर अब जैसे उसके दिल की आवाज भी बंद हो गई थी जो उसे उनकी आमद की खबर दे दिया करती थी।

उसकी बड़ी ख्वाहिश थी कि वो लोग आएं जो उससे हमदर्दी का इजहार करते थे और उसके लिए फल, मिठाईयां और कपड़े लाते थे। वो अगर उनसे पूछता कि टोबाटेक सिंह कहाँ है, तो वो उसे यक़ीनन बता देते कि पाकिस्तान में है या हिंदोस्तान में क्योंकि उसका ख्याल था कि वो टोबाटेक सिंह ही से आते हैं, जहां उसकी जमीनें हैं।

पागलख़ने में एक पागल ऐसा भी था जो खुद को खुदा कहता था। उससे जब एक रोज बिशन सिंह ने पूछा कि टोबाटेक सिंह पाकिस्तान में है या हिंदोस्तान में तो उसने हस्ब-ए-आदत कहकहा लगाया और कहा, वो पाकिस्तान में है न हिंदोस्तान में। इसलिए कि हमने अभी तक हुक्म नहीं दिया।

बिशन सिंह ने उस खुदा से कई मर्तबा मिन्नत-समाजत से कहा कि वो हुक्म देदे ताकि झंझट ख़त्म हो, मगर वो बहुत मसरूफ था इसलिए कि उसे और बेशुमार हुक्म देने थे। एक दिन तंग आ कर वो उस पर बरस पड़ा, "ओपड़ दी गुड़ गुड़ दी अनैक्स दी बे ध्याना दी मंग दी दाल ऑफ वाहे गुरू जी दा खालिसा ऐंड वाहे गूरूजी की फतह... जो बोले सो निहाल, सत सिरी अकाल।"

उसका शायद ये मतलब था कि तुम मुसलमान के खुदा हो... सिखों के खुदा होते तो जरूर मेरी सुनते।

तबादले से कुछ दिन पहले टोबाटेक सिंह का एक मुसलमान जो उसका दोस्त था, मुलाकात के लिए आया। पहले वो कभी नहीं आया था। जब बिशन सिंह ने उसे देखा तो एक तरफ हट गया और वापस जाने लगा, मगर सिपाहियों ने उसे रोका, "ये तुम से मिलने आया है... तुम्हारा दोस्त फजलदीन है।"

बिशन सिंह ने फजलदीन को एक नजर देखा और कुछ बड़ब. ड़ाने लगा। फजलदीन ने आगे बढ़ कर उसके कंधे पर हाथ रखा, “मैं बहुत दिनों से सोच रहा था कि तुम से मिलूं लेकिन फुर्सत ही न मिली... तुम्हारे सब आदमी खैरियत से हिंदोस्तान चले गए... मुझसे जितनी मदद हो सकी, मैंने की... तुम्हारी बेटी रूप कौर...”

वो कुछ कहते कहते रुक गया। बिशन सिंह कुछ याद करने लगा, “बेटी रूप कौर!”

फजलदीन ने रुक रुक कर कहा, “हाँ... वो... वो भी ठीक ठाक है... उनके साथ ही चली गई।”

बिशन सिंह खामोश रहा। फजलदीन ने कहना शुरू किया, उन्होंने मुझसे कहा था कि तुम्हारी खैर खैरियत पूछता रहूं... अब मैंने सुना है कि तुम हिंदोस्तान जा रहे हो... भाई बलबीर सिंह और भाई वधावा सिंह से मेरा सलाम कहना... और बहन अमृत कौर से भी...

“भाई बलबीर से कहना फजलदीन राजी खुशी है... दो भूरी भैंसें जो वो छोड़ गए थे, उनमें से एक ने कट्टा दिया है और दूसरी के कट्टी हुई थी पर वो छः दिन की हो के मर गई... और मेरे लायक़ जो खिदमत हो कहना, मैं हर वक्त तैयार हूँ... और ये तुम्हारे लिए थोड़े से मरोंडे लाया हूँ।”

बिशन सिंह ने मरोंडों की पोटली ले कर पास खड़े सिपाही के हवाले कर दी और फजलदीन से पूछा, “टोबाटेक सिंह कहाँ है?”

फजलदीन ने कदरे हैरत से कहा, “कहाँ है... वहीं है जहां था।”

बिशन सिंह ने फिर पूछा, “पाकिस्तान में या हिंदोस्तान में?”

“हिंदोस्तान में... नहीं नहीं, पाकिस्तान में।” फजलदीन बौखला सा गया।

बिशन सिंह बड़बड़ाता हुआ चला गया, “ओपड़ दी गुड़ गुड़ दी अनैक्स दी बे ध्याना दी मंग दी दाल ऑफ पाकिस्तान ऐंड हिंदोस्तान आफ दी दुरफटे मुँह।”

तबादले की तैयारियां मुकम्मल हो चुकी थीं। इधर से उधर और उधर से इधर आने वाले पागलों की फहरिस्तें पहुंच गई थीं और तबादले का दिन भी मुकर्रर हो चुका था।

सख्त सर्दियां थीं, जब लाहौर के पागलखाने से हिंदू-सिख पागलों से भरी हुई लारियां पुलिस के मुहाफिज दस्ते के साथ रवाना हुईं। मुतअल्लिक़ा अफसर भी हमराह थे। वाघा के बॉर्डर पर तरफेन के सुपरिन्टेन्डेन्ट एक दूसरे से मिले और इब्तिदाई कार्रवाई ख़त्म होने के बाद तबादला शुरू हो गया जो रात भर जारी रहा।

पागलों को लारियों से निकालना और उनको दूसरे अफसरों के हवाले करना बड़ा कठिन काम था। बाज़ तो बाहर निकलते ही नहीं थे। जो निकलने पर रजामंद हुए थे, उनको सँभालना मुश्किल हो जाता था क्योंकि इधर-उधर भाग उठते थे, जो नंगे थे, उनको कपड़े पहनाए जाते वो फाड़ कर अपने तन से जुदा कर देते। कोई गालियां बक रहा है। कोई गा रहा है। आपस में लड़ झगड़ रहे हैं। रो रहे हैं, बिलक रहे हैं। कान पड़ी आवाज सुनाई नहीं देती थी... पागल औरतों का शोर-ओ-गोगा अलग था और सर्दी इतनी कड़ाके की थी कि दाँत से दाँत बज रहे थे।

पागलों की अक्सरियत इस तबादले के हक में नहीं थी, इसलिए कि उनकी समझ में नहीं आता था कि उन्हें अपनी जगह से उखाड़ कर यहां फेंका जा रहा है। वो चंद जो कुछ सोच समझ सकते थे, पाकिस्तान जिंदाबाद और पाकिस्तान मुर्दाबाद के नारे लगा रहे थे। दो तीन मर्तबा फसाद होते होते बचा क्योंकि बाज़ मुसलमानों और सिखों को ये नारा सुन कर तैश आ गया था।

जब बिशन सिंह की बारी आई और वाघा के उस पार मुतअल्लिक़ा अफसर उसका नाम रजिस्टर में दर्ज करने लगा तो उसने पूछा, "टोबाटेक सिंह कहाँ है... पाकिस्तान में या हिंदोस्तान में?"

मुतअल्लिक़ा अफसर हंसा, "पाकिस्तान में।"

ये सुन कर बिशन सिंह उछल कर एक तरफ हटा और दौड़ कर अपने बाकी-मांदा साथियों के पास पहुंच गया।

पाकिस्तानी सिपाहियों ने उसे पकड़ लिया और दूसरी तरफ ले जाने लगे, मगर उसने चलने से इनकार कर दिय,: "टोबाटेक सिंह यहां है..." और जोर जोर से चिल्लाने लगा, "ओपड़ दी गुड़ गुड़ दी अनैक्स दी बे ध्याना दी मंग दी दाल ऑफ टोबाटेक सिंह ऐंड पाकिस्तान।"

उसे बहुत समझाया गया कि देखो अब टोबाटेक सिंह हिंदोस्तान में चला गया है... अगर नहीं गया तो उसे फौरन वहां भेज दिया जाएगा, मगर वो न माना। जब उसको जबरदस्ती दूसरी तरफ ले जाने की कोशिश की गई तो वो दरमियान में एक जगह इस अंदाज में अपनी सूजी हुई टांगों पर खड़ा हो गया जैसे अब उसे कोई ताकत वहां से नहीं हिला सकेगी।

आदमी चूँकि बेजरर था इसलिए उससे मजीद जबरदस्ती न की गई। उसको वहीं खड़ा रहने दिया गया और तबादले का बाकी काम होता रहा।

सूरज निकलने से पहले साकित-ओ-सामित बिशन सिंह के हल.क से एक फलक-शिगाफ चीख़ निकली... इधर उधर से कई अफसर दौड़े आए और देखा कि वो आदमी जो पंद्रह बरस तक दिन-रात अपनी टांगों पर खड़ा रहा था, औंधे मुँह लेटा है। उधर खारदार तारों के पीछे हिंदोस्तान था... इधर वैसे ही तारों के पीछे पाकिस्तान। दरमियान में जमीन के उस टुकड़े पर जिसका कोई नाम नहीं था, टोबाटेक सिंह पड़ा था।

ठंडा गोश्त

ईशर सिंह जूंही होटल के कमरे में दाख़िल हुआ, कुलवंत कौर पलंग पर से उठी। अपनी तेज तेज आँखों से उसकी तरफ घूर के देखा और दरवाजे की चटख्नी बंद कर दी। रात के बारह बज चुके थे, शहर का मुजाफात एक अजीब पुर-असरार खामोशी में गर्क था।

कुलवंत कौर पलंग पर आलती पालती मार कर बैठ गई। ईशर सिंह जो गालिबन अपने परागंदा खयालात के उलझे हुए धागे खोल रहा, हाथ में कृपान लिये एक कोने में खडा था। चंद लम्हात इसी तरह खामोशी में गुजर गए। कुलवंत कौर को थोड़ी देर के बाद अपना आसन पसंद न आया, और वो दोनों टांगें पलंग से नीचे लटका कर हिलाने लगी। ईशर सिंह फिर भी कुछ न बोला।

कुलवंत कौर भरे भरे हाथ पैरों वाली औरत थी। चौड़े चकले कूल्हे, थल-थल करने वाले गोश्त से भरपूर कुछ बहुत ही ज्यादा ऊपर को उठा हुआ सीना, तेज आँखें। बालाई होंट पर बालों का सुरमई गुबार, ठोढ़ी की साख्त से पता चलता था कि बड़े धड़ल्ले की औरत है।

ईशर सिंह गो सर नेवढ़ाए एक कोने में चुपचाप खड़ा था। सर पर उसकी कस कर बांधी हुई पगड़ी ढीली होरही थी। उसके हाथ जो कृपान थामे हुए थे, थोड़े थोड़े लर्जा थे, मगर उसके कद-ओ-

क़ामत और खद्द-ओ-खाल से पता चलता था कि कुलवंत कौर जैसी औरत के लिए मौजूं तरीन मर्द है।

चंद और लमहात जब इसी तरह खामोशी से गुजर गए तो कुलवंत कौर छलक पड़ी, लेकिन तेज तेज आँखों को बचा कर वो सिर्फ इस कदर कह सकी, "ईशर सय्यां।"

ईशर सिंह ने गर्दन उठा कर कुलवंत कौर की तरफ देखा, मगर उसकी निगाहों की गोलियों की ताब न ला कर मुँह दूसरी तरफ मोड़ लिया।

कुलवंत कौर चिल्लाई, "ईशर सय्यां।" लेकिन फौरन ही आवाज भींच ली और पलंग पर से उठकर उसकी जानिब जाते हुए बोली, "कहाँ रहे तुम इतने दिन?"

ईशर सिंह ने खुश्क होंटों पर जबान फेरी, "मुझे मालूम नहीं।"

कुलवंत कौर भन्ना गई, "ये भी कोई माँ या जवाब है?"

ईशर सिंह ने कृपान एक तरफ फेंक दी और पलंग पर लेट गया। ऐसा मालूम होता था कि वो कई दिनों का बीमार है। कुलवंत कौर ने पलंग की तरफ देखा, जो अब ईशर सिंह से लबालब भरा था। उसके दिल में हमदर्दी का जज्बा पैदा हो गया। चुनांचे उसके माथे पर हाथ रख कर उसने बड़े प्यार से पूछा, "जानी क्या हुआ है तुम्हें?"

ईशर सिंह छत की तरफ देख रहा था, उससे निगाहें हटा कर उसने कुलवंत कौर के मानूस चेहरे को टटोलना शुरू किया, "कुलवंत!"

आवाज में दर्द था। कुलवंत कौर सारी की सारी सिमट कर अपने बालाई होंट में आगई, "हाँ जानी," कह कर वो उसको दाँतों से काटने लगी।

ईशर सिंह ने पगड़ी उतार दी। कुलवंत कौर की तरफ सहारा लेने वाली निगाहों से देखा, उसके गोश्त भरे कूल्हे पर जोर से धप्पा मारा और सर को झटका दे कर अपने आप से कहा, "ये कुड़ी का दिमाग ही खराब है।"

झटका देने से उसके केस खुल गए। कुलवंत कौर उंगलियों से उनमें कंघी करने लगी। ऐसा करते हुए उसने बड़े प्यार से पूछा, "ईशर सय्यां, कहाँ रहे तुम इतने दिन?"

"बुरे की माँ के घर।" ईशर सिंह ने कुलवंत कौर को घूर के देखा और दफअतन दोनों हाथों से उसके उभरे हुए सीने को मसलने लगा, "क़सम वाहगुरु की बड़ी जानदार औरत है।"

कुलवंत कौर ने एक अदा के साथ ईशर सिंह के हाथ एक तरफ झटक दिए और पूछा, "तुम्हें मेरी कसम बताओ, कहाँ रहे?. .. शहर गए थे?"

ईशर सिंह ने एक ही लपेट में अपने बालों का जूड़ा बनाते हुए जवाब दिया, "नहीं।"

कुलवंत कौर चिड़ गई, "नहीं तुम जरूर शहर गए थे... और तुमने बहुत सा रुपया लूटा है जो मुझ से छुपा रहे हो।"

"वो अपने बाप का तुख्म न हो जो तुम से झूट बोले।"

कुलवंत कौर थोड़ी देर के लिए खामोश होगई, लेकिन फौरन ही भड़क उठी।

"लेकिन मेरी समझ में नहीं आता, उस रात तुम्हें क्या हुआ?. .. अच्छे भले मेरे साथ लेटे थे, मुझे तुमने वो तमाम गहने पहना रखे थे जो तुम शहर से लूट कर लाए थे। मेरी भपियां ले रहे थे, पर जाने एक दम तुम्हें क्या हुआ, उठे और कपड़े पहन कर बाहर निकल गए।"

ईशर सिंह का रंग जर्द हो गया। कुलवंत कौर ने ये तब्दीली देखते ही कहा, "देखा कैसे रंग नीला पड़ गया... ईशर सय्यां, कसम वाहेगुरु की, जरूर कुछ दाल में काला है?"

"तेरी जान की कसम, कुछ भी नहीं।"

ईशर सिंह की आवाज बेजान थी। कुलवंत कौर का शुब्हा और ज्यादा मजबूत हो गया, बालाई होंट भींच कर उसने एक एक लफ्ज पर जोर देते हुए कहा, "ईशर सय्यां, क्या बात है। तुम वो नहीं हो जो आज से आठ रोज पहले थे?"

ईशर सिंह एक दम उठ बैठा, जैसे किसी ने उस पर हमला किया था। कुलवंत कौर को अपने तनोमंद बाजूओं में समेट कर उसने पूरी कुव्वत के साथ उसे भंभोड़ना शुरू कर दिया। "जानी मैं वही हूँ... घट घट पा जफियां, तेरी निकले हडां दी गर्मी..."

कुलवंत कौर ने मुजाहमत न की, लेकिन वो शिकायत करती रही, "तुम्हें उस रात हो क्या गया था?"

"बुरे की माँ का वो होगया था।"

"बताओगे नहीं?"

"कोई बात हो तो बताऊं।"

"मुझे अपने हाथों से जलाओ अगर झूट बोलो।"

ईशर सिंह ने अपने बाजू उसकी गर्दन में डाल दिए और होंट उसके होंटों में गाड़ दिए। मूंछों के बाल कुलवंत कौर के नथनों में घुसे तो उसे छींक आगई। दोनों हँसने लगे।

ईशर सिंह ने अपनी सदरी उतार दी और कुलवंत कौर को शहवत भरी नजरों से देख कर कहा, "आ जाओ, एक बाजी ताश की हो जाये!"

कुलवंत कौर के बालाई होंट पर पसीने की नन्ही नन्ही बूंदें फूट आई, एक अदा के साथ उसने अपनी आँखों की पुतलियां घुमाई और कहा, "चल दफान हो।"

ईशर सिंह ने उसके भरे हुए कूल्हे पर जोर से चुटकी भरी। कुलवंत कौर तड़प कर एक तरफ हट गई। "न कर ईशर सय्यां, मेरे दर्द होता है।"

ईशर सिंह ने आगे बढ़ कर कुलवंट कौर का बालाई होंट अपने दाँतों तले दबा लिया और किचकिचाने लगा। कुलवंत कौर बिल्कुल पिघल गई। ईशर सिंह ने अपना कुरता उतार के फेंक दिया और कहा, "लो, फिर हो जाये तुरुप चाल..."

कुलवंत कौर का बालाई होंट कपकपाने लगा, ईशर सिंह ने दोनों हाथों से कुलवंत कौर की कमीज का घेरा पकड़ा और जिस तरह बकरे की खाल उतारते हैं, इसी तरह उसको उतार कर एक तरफ रख दिया, फिर उसने घूर के उसके नंगे बदन को देखा और जोर से उसके बाजू पर चुटकी भरते हुए कहा, "कुलवंत, कसम वाहगुरु की, बड़ी करारी औरत है तू।"

कुलवंत कौर अपने बाजू पर उभरते हुए लाल धब्बे को देखने लगी, "बड़ा जालिम है तू ईशर सय्यां।"

ईशर सिंह अपनी घनी काली मूँछों में मुस्कुराया, "होने दे आज जुल्म?" और ये कह कर उसने मजीद जुल्म ढाने शुरू किए। कुलवंत कौर का बालाई होंट दाँतों तले किचकिचाया। कान की लवों को काटा, उभरे हुए सीने को भंभोड़ा, उभरे हुए कूल्हों पर आवाज पैदा करने वाले चाँटे मारे। गालों के मुँह भर भर के बोसे लिये। चूस चूस कर उसका सारा सीना थूकों से लथेड़ दिया।

कुलवंत कौर तेज आंच पर चढ़ी हुई हांडी की तरह उबलने लगी। लेकिन ईशर सिंह उन तमाम हीलों के बावजूद खुद में हरारत

पैदा न कर सका। जितने गुर और जितने दाव उसे याद थे। सब के सब उसने पिट जाने वाले पहलवान की तरह इस्तेमाल करदिए, पर कोई कारगर न हुआ। कुलवंत कौर ने जिसके बदन के सारे तार तन कर खुदबखुद बज रहे थे। गैर जरूरी छेड़छाड़ से तंग आकर कहा, "ईशर सय्यां, काफी फेंट चुका है, अब पत्ता फेंक!"

ये सुनते ही ईशर सिंह के हाथ से जैसे ताश की सारी गड्डी नीचे फिसल गई। हाँपता हुआ वो कुलवंत कौर के पहलू में लेट गया और उसके माथे पर सर्द पसीने के लेप होने लगे। कुलवंत कौर ने उसे गरमाने की बहुत कोशिश की। मगर नाकाम रही, अब तक सब कुछ मुँह से कहे बगैर होता रहा था लेकिन जब कुलवंत कौर के मुंतजिर बअमल आजा को सख्त नाउम्मीदी हुई तो वो झल्लाकर पलंग से नीचे उतर गई। सामने खूंटी पर चादर पड़ी थी, उसको उतार कर उसने जल्दी जल्दी ओढ़ कर और नथुने फुला कर, बिफरे हुए लहजे में कहा, "ईशर सय्यां, वो कौन हरामजादी है, जिसके पास तू इतने दिन रह कर आया है। जिसने तुझे निचोड़ डाला है?"

ईशर सिंह पलंग पर लेटा हाँपता रहा और उसने कोई जवाब न दिया।

कुलवंत कौर गुस्से से उबलने लगी, "मैं पूछती हूँ? कौन है चड्डू... कौन है वो उल्फती... कौन है वो चोर पत्ता?"

ईशर सिंह ने थके हुए लहजे में जवाब दिया, "कोई भी नहीं कुलवंत, कोई भी नहीं।"

कुलवंत कौर ने अपने भरे हुए कूल्हों पर हाथ रख कर एक अज्म के साथ कहा, "ईशर सय्यां, मैं आज झूट-सच जान के रहूंगी... खा वाहगुरु जी की कसम... क्या उसकी तह में कोई औरत नहीं?"

ईशर सिंह ने कुछ कहना चाहा, मगर कुलवंत कौर ने उसकी इजाजत न दी। "कसम खाने से पहले सोच ले कि मैं सरदार

निहाल सिंह की बेटी हूँ... तिक्का बोटी कर दूँगी, अगर तू ने झूट बोला... ले अब खा वाहगुरु जी की कसम... क्या इसकी तह में कोई औरत नहीं?"

ईशर सिंह ने बड़े दुख के साथ इस्बात में सर हिलाया, कुलवंत कौर बिल्कुल दिवानी होगई। लपक कर कोने में से कृपान उठाई, म्यान को केले के छिलके की तरह उतार कर एक तरफ फेंका और ईशर सिंह पर वार कर दिया।

आन की आन में लहू के फव्वारे छूट पड़े। कुलवंत कौर की इससे भी तसल्ली न हुई तो उसने वहशी बिल्लियों की तरह ईशर सिंह के केस नोचने शुरू कर दिए। साथ ही साथ वो अपनी नामालूम सौत को मोटी मोटी गालियां देती रहीं। ईशर सिंह ने थोड़ी देर के बाद नकाहत भरी इल्तिजा की, "जाने दे अब कुलवंत! जाने दे।"

आवाज में बला का दर्द था, कुलवंत कौर पीछे हट गई।

खून, ईशर सिंह के गले से उड़ उड़ कर उसकी मूंछों पर गिर रहा था, उसने अपने लर्जां होंट खोले और कुलवंत कौर की तरफ शुक्रिए और गिले की मिली जुली निगाहों से देखा, "मेरी जान! तुम ने बहुत जल्दी की... लेकिन जो हुआ ठीक है।"

कुलवंत कौर का हसद फिर भड़का, "मगर वो कौन है तुम्हारी माँ?"

लहू ईशर सिंह की जबान तक पहुंच गया, जब उसने उसका जायका चखा तो उसके बदन पर झुरझुरी सी दौड़ गई।

"और मैं... और मैं... भीनी या छः आदमियों को कत्ल कर चुका हूँ... इसी कृपान से..."

कुलवंत कौर के दिमाग में सिर्फ दूसरी औरत थी, "मैं पूछती हूँ, कौन है वो हरामजादी?"

ईशर सिंह की आँखें धुँदला रही थीं, एक हल्की सी चमक उनमें पैदा हुई और उसने कुलवंत कौर से कहा, "गाली न दे उस भड़वी को।"

कुलवंत चिल्लाई, "मैं पूछती हूँ, वो है कौन?"

ईशर सिंह के गले में आवाज रुँध गई, "बताता हूँ।" ये कह कर उसने अपनी गर्दन पर हाथ फेरा और उस पर अपना जीता जीता खून देख कर मुस्कुराया, "इंसान माँ या भी एक अजीब चीज है।"

कुलवंत कौर उसके जवाब की मुंतजिर थी। "ईशर सय्यां, तू मतलब की बात कर।"

ईशर सिंह की मुस्कुराहट उसकी लहू भरी मूंछों में और ज्यादा फेल गई, "मतलब ही की बात कर रहा हूँ... गला चिरा है माँ या मेरा... अब धीरे-धीरे ही सारी बात बताऊंगा।"

और जब वो बात बनाने लगा तो उसके माथे पर ठंडे पसीने के लेप होने लगे।

"कुलवंत! मेरी जान... मैं तुम्हें नहीं बता सकता, मेरे साथ क्या हुआ? इंसान कुड़िया भी एक अजीब चीज है... शहर में लूट मची तो सबकी तरह मैंने भी उसमें हिस्सा लिया... गहने-पाते और रुपये-पैसे जो भी हाथ लगे वो मैंने तुम्हें दे दिए... लेकिन एक बात तुम्हें न बताई।"

ईशर सिंह ने घाव में दर्द महसूस किया और कराहने लगा। कुलवंत कौर ने उसकी तरफ तवज्जो न दी और बड़ी बेरहमी से पूछा, "कौन सी बात?"

ईशर सिंह ने मूंछों पर जमते हुए लहू को फूंक के जरिये से उड़ाते हुए कहा, "जिस मकान पर मैंने धावा बोला था... उसमें

सात... उसमें सात आदमी थे... छः मैंने कत्ल कर दिए... इसी कृपान से जिस से तू ने मुझे... छोड़ उसे... सुन... एक लड़की थी बहुत सुंदर... उसको उठा मैं अपने साथ ले आया।"

कुलवंत कौर, खामोश सुनती रही। ईशर सिंह ने एक बार फिर फूंक मार के मूंछों पर से लहू उड़ाया, "कुलवंत जानी, मैं तुम से क्या कहूं, कितनी सुंदर थी... मैं उसे भी मार डालता, पर मैंने कहा, नहीं, ईशर सय्यां, कुलवंत कौर के तो हर रोज मजे लेता है, ये मेवा भी चख देख।"

कुलवंत कौर ने सिर्फ इस कदर कहा, "हूँ...!"

और मैं उसे कंधे पर डाल कर चल दिया... रास्ते में... क्या कह रहा था मैं?... हाँ रास्ते में... नहर की पटड़ी के पास, थोहड़ की झाड़ियों तले मैंने उसे लिटा दिया... पहले सोचा कि फेंटूं, लेकिन फिर ख्याल आया कि नहीं... ये कहते कहते ईशर सिंह की जबान सूख गई।

कुलवंत कौर ने थूक निगल कर अपना हलक़ तर किया और पूछा, "फिर क्या हुआ?"

ईशर सिंह के हलक़ से बमुश्किल ये अल्फाज निकले, "मैंने... मैंने पत्ता फेंका... लेकिन... लेकिन।"

उसकी आवाज डूब गई।

कुलवंत कौर ने उसे झंझोड़ा, "फिर क्या हुआ?"

ईशर सिंह ने अपनी बंद होती हुई आँखें खोलीं और कुलवंत कौर के जिस्म के तरफ देखा, जिसकी बोटी बोटी थिरक रही थी। वो... वो मरी हुई थी... लाश थी... बिल्कुल ठंडा गोश्त... जानी मुझे अपना हाथ दे...

कुलवंत कौर ने अपना हाथ ईशर सिंह के हाथ पर रखा, जो बर्फ से भी ज्यादा ठंडा था।

काली शलवार

दिल्ली आने से पहले वो अंबाला छावनी में थी जहां कई गोरे उसके गाहक थे। उन गोरों से मिलने-जुलने के बाइस वो अंग्रेजी के दस पंद्रह जुमले सीख गई थी, उनको वो आम गुफ्तगु में इस्तेमाल नहीं करती थी लेकिन जब वो दिल्ली में आई और उसका कारोबार न चला तो एक रोज उसने अपनी पड़ोसन तमंचा जान से कहा, "दिस लैफ... वेरी बैड।" यानी ये जिंदगी बहुत बुरी है जबकि खाने ही को नहीं मिलता।

अंबाला छावनी में उसका धंदा बहुत अच्छी तरह चलता था। छावनी के गोरे शराब पी कर उसके पास आजाते थे और वो तीन-चार घंटों ही में आठ-दस गोरों को निमटा कर बीस-तीस रुपये पैदा कर लिया करती थी। ये गोरे, उसके हम वतनों के मुकाबले में बहुत अच्छे थे। इसमें कोई शक नहीं कि वो ऐसी जबान बोलते थे जिसका मतलब सुल्ताना की समझ में नहीं आता था मगर उनकी जबान से ये लाइल्मी उसके हक में बहुत अच्छी साबित होती थी। अगर वो उससे कुछ रिआयत चाहते तो वो सर हिला कर कह दिया करती थी, "साहिब, हमारी समझ में तुम्हारी बात नहीं आता।"

और अगर वो उससे जरूरत से ज्यादा छेड़छाड़ करते तो वो उनको अपनी जबान में गालियां देना शुरू करदेती थी। वो हैरत में उसके मुँह की तरफ देखते तो वो उनसे कहती, "साहिब, तुम एक दम उल्लु का पट्ठा है। हरामजादा है... समझा।" ये कहते वक्त वो अपने लहजे में सख्ती पैदा न करती बल्कि बड़े प्यार के साथ

उनसे बातें करती। ये गोरे हंस देते और हंसते वक्त वो सुल्ताना को बिल्कुल उल्लू के पट्ठे दिखाई देते।

मगर यहां दिल्ली में वो जब से आई थी एक गोरा भी उसके यहां नहीं आया था। तीन महीने उसको हिंदुस्तान के इस शहर में रहते हो गए थे जहां उसने सुना था कि बड़े लॉट साहब रहते हैं, जो गर्मियों में शिमले चले जाते हैं, मगर सिर्फ छः आदमी उसके पास आए थे। सिर्फ छः, यानी महीने में दो और उन छः ग्राहकों से उसने ख़ुदा झूट न बुलवाए तो साढ़े अठारह रुपये वसूल किए थे। तीन रुपये से ज्यादा पर कोई मानता ही नहीं था।

सुल्ताना ने उनमें से पाँच आदमियों को अपना रेट दस रुपये बताया था मगर तअज्जुब की बात है कि उनमें से हर एक ने यही कहा, "भई हम तीन रुपये से एक कौड़ी ज्यादा न देंगे।"

न जाने क्या बात थी कि उनमें से हर एक ने उसे सिर्फ तीन रुपये के काबिल समझा। चुनांचे जब छटा आया तो उसने ख़ुद उससे कह, "देखो, मैं तीन रुपये एक टेम के लूंगी। इससे एक धेला तुम कम कहो तो मैं न लूंगी। अब तुम्हारी मर्जी हो तो रहो वर्ना जाओ।"

छट्ठे आदमी ने ये बात सुन कर तकरार न की और उसके हाँ ठहर गया। जब दूसरे कमरे में वरवाजे बंद करके वो अपना कोट उतारने लगा तो सुल्ताना ने कहा, "लाइए एक रुपया दूध का।" उसने एक रुपया तो न दिया लेकिन नए बादशाह की चमकती हुई अठन्नी जेब में से निकाल कर उसको दे दी और सुल्ताना ने भी चुपके से ले ली कि चलो जो आया है गनीमत है।

साढ़े अठारह रुपये तीन महीनों में... बीस रुपये माहवार तो इस कोठे का किराया था जिसको मालिक मकान अंग्रेजी जबान में फ्लैट कहता था।

उस फ्लैट में ऐसा पाखाना था जिसमें जंजीर खींचने से सारी गंदगी पानी के जोर से एक दम नीचे नल में गायब हो जाती थी और बड़ा शोर होता था। शुरू शुरू में तो उस शोर ने उसे बहुत

डराया था। पहले दिन जब वो रफा-ए-हाजत के लिए उस पाखाना में गई तो उसके कमर में शिद्दत का दर्द होरहा था। फारिग हो कर जब उठने लगी तो उसने लटकी हुई जंजीर का सहारा ले लिया। उस जंजीर को देख कर उसने ख्याल किया चूँकि ये मकान खास हम लोगों की रिहायश के लिए तैयार किए गए हैं ये जंजीर इसलिए लगाई गई है कि उठते वक्त तकलीफ न हो और सहारा मिल जाया करे, मगर जूंही उसने जंजीर पकड़ कर उठना चाहा, ऊपर खट खट सी हुई और फिर एक दम पानी इस शोर के साथ बाहर निकला कि डर के मारे उसके मुँह से चीख़ निकल गई।

खुदाबख्श दूसरे कमरे में अपना फोटोग्राफी का सामान दुरुस्त कर रहा था और एक साफ बोतल में हाइड्रोकुनैन डाल रहा था कि उसने सुल्ताना की चीख़ सुनी। दौड़ कर वह बाहर निकला और सुल्ताना से पूछा, "क्या हुआ? ये चीख़ तुम्हारी थी?"

सुल्ताना का दिल धड़क रहा था। उसने कहा, "ये मुआ पाखाना है या क्या है। बीच में ये रेल गाड़ियों की तरह जंजीर क्या लटका रखी है। मेरी कमर में दर्द था। मैंने कहा चलो इसका सहारा ले लूंगी, पर इस मुए जंजीर को छेड़ना था कि वो धमाका हुआ कि मैं तुम से क्या कहूं।"

इस पर खुदाबख्श बहुत हंसा था और उसने सुल्ताना को इस पैखाने की बाबत सब कुछ बता दिया था कि ये नए फैशन का है जिसमें जंजीर हिलाने से सब गंदगी नीचे जमीन में धँस जाती है।

खुदाबख्श और सुल्ताना का आपस में कैसे संबंध हुआ ये एक लंबी कहानी है। खुदाबख्श रावलपिंडी का था। इन्ट्रेंस पास करने के बाद उसने लारी चलाना सीखा, चुनांचे चार बरस तक वो रावलपिंडी और कश्मीर के दरमियान लारी चलाने का काम करता रहा। इसके बाद कश्मीर में उसकी दोस्ती एक औरत से हो गई। उसको भगा कर वो लाहौर ले आया। लाहौर में चूँकि उसको कोई काम न मिला। इसलिए उसने औरत को पेशे बिठा दिया।

दो-तीन बरस तक ये सिलसिला जारी रहा और वो औरत किसी और के साथ भाग गई। खुदाबख्श को मालूम हुआ कि वो अंबाला में है। वो उसकी तलाश में अंबाला आया जहां उसको सुल्ताना मिल गई। सुल्ताना ने उसको पसंद किया, चुनांचे दोनों का संबंध होगया।

खुदाबख्श के आने से एक दम सुल्ताना का कारोबार चमक उठा। औरत चूँ कि जईफ-उल-एतिक़ाद थी। इसलिए उसने समझा कि खुदाबख्श बड़ा भागवान है जिसके आने से इतनी तरक़्क़ी होगई, चुनांचे इस खुश एतिकादी ने खुदाबख्श की वकत उसकी नजरों में और भी बढ़ा दी।

खुदाबख्श आदमी मेहनती था। सारा दिन हाथ पर हाथ धर कर बैठना पसंद नहीं करता था। चुनांचे उसने एक फोटो ग्राफर से दोस्ती पैदा की जो रेलवे स्टेशन के बाहर मिनट कैमरे से फोटो खींचा करता था। इसलिए उसने फोटो खींचना सीख लिया। फिर सुल्ताना से साठ रुपये लेकर कैमरा भी खरीद लिया। आहिस्ता आहिस्ता एक पर्दा बनवाया, दो कुर्सियाँ खरीदीं और फोटो धोने का सब सामान लेकर उसने अलाहिदा अपना काम शुरू कर दिया।

काम चल निकला, चुनांचे उसने थोड़ी ही देर के बाद अपना अड्डा अंबाले छावनी में क़ायम कर दिया। यहां वो गोरों के फोटो खींचता रहता। एक महीने के अंदर अंदर उसकी छावनी के मुतअद्दिद गोरों से वाकफियत हो गई, चुनांचे वो सुल्ताना को वहीं ले गया। यहां छावनी में खुदाबख्श के जरिये से कई गोरे सुल्ताना के मुस्तकिल गाहक बन गए और उसकी आमदनी पहले से दोगुनी होगई।

सुल्ताना ने कानों के लिए बुंदे ख़रीदे। साढ़े पाँच तोले की आठ कन्गनियाँ भी बनवा लीं। दस-पंद्रह अच्छी अच्छी साड़ियां भी जमा करलीं, घर में फर्नीचर वगैरा भी आगया। किस्सा मुख्तसर ये कि अंबाला छावनी में वो बड़ी खुशहाल थी मगर एका एकी

न जाने खुदाबख्श के दिल में क्या समाई कि उसने दिल्ली जाने की ठान ली।

सुल्ताना इनकार कैसे करती जबकि खुदाबख्श को अपने लिए बहुत मुबारक ख्याल करती थी। उसने खुशी-खुशी दिल्ली जाना कबूल कर लिया। बल्कि उसने ये भी सोचा कि इतने बड़े शहर में जहां लॉट साहब रहते हैं उसका धंदा और भी अच्छा चलेगा। अपनी सहेलियों से वो दिल्ली की तारीफ सुन चुकी थी। फिर वहां हजरत निजाम उद्दीन औलिया की खानकाह थी। जिससे उसे बेहद अकीदत थी, चुनांचे जल्दी जल्दी घर का भारी सामान बेच बाच कर वो खुदाबख्श के साथ दिल्ली आगई। यहाँ पहुँच कर खुदाबख्श ने बीस रुपये माहवार पर एक छोटा सा फ्लैट ले लिया जिसमें वो दोनों रहने लगे।

एक ही क़िस्म के नए मकानों की लंबी सी कतार सड़क के साथ साथ चली गई थी। म्युनिसिपल कमेटी ने शहर का ये हिस्सा खास कसबियों के लिए मुक़र्रर कर दिया था ताकि वो शहर में जगह जगह अपने अड्डे न बनाएं। नीचे दुकानें थीं और ऊपर दोमंजिला रिहायशी फ्लैट। चूँकि सब इमारतें एक ही डिजाइन की थीं इसलिए शुरू-शुरू में सुल्ताना को अपना फ्लैट तलाश करने में बहुत दिक्कत महसूस हुई थी पर जब नीचे लांड्री वाले ने अपना बोर्ड घर की पेशानी पर लगा दिया तो उसको एक पक्की निशानी मिल गई। यहां मैले कपड़ों की धुलाई की जाती है। ये बोर्ड पढ़ते ही वो अपना फ्लैट तलाश कर लिया करती थी।

इसी तरह उसने और बहुत सी निशानियां क़ायम कर ली थीं, मसलन बड़े बड़े हुरूफ में जहां कोयलों की दूकान लिखा था, वहां उसकी सहेली हीरा बाई रहती थी जो कभी कभी रेडियो घर में गाने जाया करती थी, जहां शरिफा के खाने का आला इंतिजाम है। लिखा था वहां उसकी दूसरी सहेली मुख्तार रहती थी। निवाड़ के कारख़ाना के ऊपर अनवरी रहती थी जो उसी कारख़ाना के सेठ

के पास मुलाजिम थी। चूँकि सेठ साहब को रात के वक्त अपने कारख़ाने की देख-भाल करना होती थी इसलिए वो अनवरी के पास ही रहते थे।

दूकान खोलते ही गाहक थोड़े ही आते हैं। चुनांचे जब एक महीने तक सुल्ताना बेकार रही तो उसने यही सोच कर अपने दिल को तसल्ली दी, पर जब दो महीने गुजर गए और कोई आदमी उसके कोठे पर न आया तो उसे बहुत तशवीश हुई। उसने ख़ुदा. बख्श से कहा, "क्या बात है ख़ुदाबख्श, दो महीने आज पूरे होगए हैं हमें यहां आए हुए, किसी ने इधर का रुख़ भी नहीं किया... मानती हूँ आजकल बाजार बहुत मंदा है, पर इतना मंदा भी तो नहीं कि महीने भर में कोई शक्ल देखने ही में न आए।"

ख़ुदाबख्श को भी ये बात बहुत अर्सा से खटक रही थी मगर वो खामोश था, पर जब सुल्ताना ने ख़ुद बात छेड़ी तो उस ने कह, "मैं कई दिनों से इसकी बाबत सोच रहा हूँ। एक बात समझ में आती है, वो ये कि जंग की वजह से लोग-बाग दूसरे धंदों में पड़ कर इधर का रस्ता भूल गए हैं... या फिर ये हो सकता है कि..."

वो इसके आगे कुछ कहने ही वाला था कि सीढ़ियों पर किसी के चढ़ने की आवाज आई। ख़ुदाबख्श और सुल्ताना दोनों इस आवाज की तरफ मुतवज्जा हुए। थोड़ी देर के बाद दस्तक हुई। ख़ुदाबख्श ने लपक कर दरवाजा खोला। एक आदमी अंदर दाख़िल हुआ। ये पहला गाहक था जिससे तीन रुपये में सौदा तय हुआ। इसके बाद पाँच और आए यानी तीन महीने में छः, जिनसे सुलताना ने सिर्फ साढ़े अठारह रुपये वसूल किए।

बीस रुपये माहवार तो फ्लैट के किराये में चले जाते थे, पानी का टैक्स और बिजली का बिल जुदा था। इसके इलावा घर के दूसरे खर्च थे। खाना-पीना, कपड़े-लत्ते, दवा-दारू और आमदन कुछ भी नहीं थी। साढ़े अठारह रुपये तीन महीने में आए तो उसे

आमदन तो नहीं कह सकते। सुल्ताना परेशान होगई। साढ़े पाँच तोले की आठ कन्गनियाँ जो उसने अंबाले में बनवाई थीं आहिस्ता आहिस्ता बिक गईं।

आखिरी कन्गनी की जब बारी आई तो उसने खुदाबख्श से कहा, "तुम मेरी सुनो और चलो वापस अंबाले में, यहां क्या धरा है?... भई होगा, पर हमें तो ये शहर रास नहीं आया। तुम्हारा काम भी वहां खूब चलता था, चलो, वहीं चलते हैं। जो नुक़सान हुआ है उसको अपना सर सदका समझो। इस कन्गनी को बेच कर आओ, मैं अस्बाब वगैरा बांध कर तैयार रखती हूँ। आज रात की गाड़ी से यहां से चल देंगे।"

खुदाबख्श ने कन्गनी सुल्ताना के हाथ से ले ली और कहा, "नहीं जान-ए-मन, अंबाला अब नहीं जाएँगे, यहीं दिल्ली में रह कर कमाएंगे। ये तुम्हारी चूड़ियां सब की सब यहीं वापस आयेंगी। अल्लाह पर भरोसा रखो, वो बड़ा कारसाज है। यहां भी वो कोई न कोई अस्बाब बना ही देगा।"

सुल्ताना चुप हो रही, चुनांचे आखिरी कन्गनी हाथ से उतर गई। बचे हाथ देख कर उसको बहुत दुख होता था, पर क्या करती, पेट भी तो आख़िर किसी हीले से भरना था।

जब पाँच महीने गुजर गए और आमदन खर्च के मुकाबले में चौथाई से भी कुछ कम रही तो सुल्ताना की परेशानी और ज्यादा बढ़ गई। खुदाबख्श भी सारा दिन अब घर से गायब रहने लगा था। सुल्ताना को इसका भी दुख था। इसमें कोई शक नहीं कि पड़ोस में उसकी दो-तीन मिलने वालियां मौजूद थीं जिनके साथ वो अपना वक्त काट सकती थी पर हर रोज उनके यहां जाना और घंटों बैठे रहना उसको बहुत बुरा लगता था। चुनांचे आहिस्ता आहिस्ता उसने उन सहेलियों से मिलना-जुलना बिल्कुल तर्क कर दिया।

सारा दिन वो अपने सुनसान मकान में बैठी रहती। कभी छालिया

काटती रहती, कभी अपने पुराने और फटे हुए कपड़ों को सीती रहती और कभी बाहर बालकोनी में आकर जंगले के साथ खड़ी हो जाती और सामने रेलवे शैड में साकित और मुतहर्रिक इंजनों की तरफ घंटों बेमतलब देखती रहती।

सड़क की दूसरी तरफ माल गोदाम था जो इस कोने से उस कोने तक फैला हुआ था। दाहिने हाथ को लोहे की छत के नीचे बड़ी बड़ी गांठें पड़ी रहती थीं और हर क़िस्म के माल अस्बाब के ढेर से लगे रहते थे। बाएं हाथ को खुला मैदान था जिसमें बेशुमार रेल की पटड़ियां बिछी हुई थीं। धूप में लोहे की ये पटड़ियाँ चमकतीं तो सुल्ताना अपने हाथों की तरफ देखती जिन पर नीली नीली रगें बिल्कुल इन पटड़ियों की तरह उभरी रहती थीं, इस लंबे और खुले मैदान में हर वकत इंजन और गाड़ियां चलती रहती थीं। कभी इधर कभी उधर।

उन इंजनों और गाड़ियों की छक-छक फक-फक सदा गूंजती रहती थी। सुबह सवेरे जब वो उठ कर बालकोनी में आती तो एक अजीब समां नजर आता। धुंदलके में इंजनों के मुँह से गाढ़ा-गाढ़ा धुआँ निकलता था और गदले आसमान की जानिब मोटे और भारी आदमियों की तरह उठता दिखाई देता था।

भाप के बड़े बड़े बादल भी एक शोर के साथ पटड़ियों से उठते थे और आँख झपकने की देर में हवा के अंदर घुल मिल जाते थे। फिर कभी कभी जब वो गाड़ी के किसी डिब्बे को जिसे इंजन ने धक्का दे कर छोड़ दिया हो अकेले पटड़ियों पर चलता देखती तो उसे अपना ख्याल आता।

वो सोचती कि उसे भी किसी ने जिंदगी की पटड़ी पर धक्का दे कर छोड़ दिया है और वो खुदबखुद जा रही है। दूसरे लोग कांटे बदल रहे हैं और वो चली जा रही है... न जाने कहाँ। फिर एक रोज ऐसा आएगा जब इस धक्के का जोर आहिस्ता आहिस्ता ख़त्म हो जाएगा और वो कहीं रुक जाएगी। किसी ऐसे मुकाम पर जो उसका देखा भाला न होगा।

यूं तो वो बेमतलब घंटों रेल की इन टेढ़ी बांकी पटड़ियों और ठहरे और चलते हुए इंजनों की तरफ देखती रहती थी पर तरह तरह के ख्याल उसके दिमाग में आते रहते थे। अंबाला छावनी में जब वो रहती थी तो स्टेशन के पास ही उसका मकान था मगर वहां उसने कभी इन चीजों को ऐसी नजरों से नहीं देखा था। अब तो कभी कभी उसके दिमाग में ये भी ख्याल आता कि ये जो सामने रेल की पटड़ियों का जाल सा बिछा है और जगह जगह से भाप और धुआँ उठ रहा है एक बहुत बड़ा चकला है। बहुत सी गाड़ियां हैं जिनको चंद मोटे-मोटे इंजन इधर-उधर धकेलते रहते हैं।

सुल्ताना को तो बा'ज औक़ात ये इंजन सेठ मालूम होते हैं जो कभी कभी अंबाला में उसके हाँ आया करते थे। फिर कभी कभी जब वो किसी इंजन को आहिस्ता आहिस्ता गाड़ियों की कतार के पास से गुजरता देखती तो उसे ऐसा महसूस होता कि कोई आदमी चकले के किसी बाजार में से ऊपर कोठों की तरफ देखता जा रहा है।

सुल्ताना समझती थी कि ऐसी बातें सोचना दिमाग की खराबी का बाइस है, चुनांचे जब इस क़िस्म के ख्याल उसको आने लगे तो उसने बालकोनी में जाना छोड़ दिया। ख़ुदाबख्श से उसने बारहा कहा, "देखो, मेरे हाल पर रहम करो। यहां घर में रहा करो। मैं सारा दिन यहां बीमारों की तरह पड़ी रहती हूँ। मगर उसने हर बार सुल्ताना से ये कह कर उसकी तशफ्फी करदी, जान-ए-मन... मैं बाहर कुछ कमाने की फिक्र कर रहा हूँ। अल्लाह ने चाहा तो चंद दिनों ही में बेड़ा पार हो जाएगा।"

पूरे पाँच महीने होगए थे मगर अभी तक न सुल्ताना का बेड़ा पार हुआ था न ख़ुदाबख्श का।

मुहर्रम का महीना सर पर आरहा था मगर सुल्ताना के पास काले कपड़े बनवाने के लिए कुछ भी न था। मुख्तार ने लेडी है. मिल्टन की एक नई वजा की कमीज बनवाई थी जिसकी आस्तीनें काली जॉर्जट की थीं। इसके साथ मैच करने के लिए उसके पास

काली साटन की शलवार थी जो काजल की तरह चमकती थी।

अनवरी ने रेशमी जॉर्जट की एक बड़ी नफीस साड़ी ख़रीदी थी। उसने सुल्ताना से कहा था कि वो इस साड़ी के नीचे सफेद बोसकी का पेटीकोट पहनेगी क्योंकि ये नया फैशन है। इस साड़ी के साथ पहनने को अनवरी काली मखमल का एक जूता लाई थी जो बड़ा नाजुक था। सुल्ताना ने जब ये तमाम चीजें देखीं तो उसको इस एहसास ने बहुत दुख दिया कि वो मुहर्रम मनाने के लिए ऐसा लिबास ख़रीदने की इस्तिताअत नहीं रखती।

अनवरी और मुख़्तार के पास ये लिबास देख कर जब वो घर आई तो उसका दिल बहुत मग्मूम था। उसे ऐसा मालूम होता था कि फोड़ा सा उसके अंदर पैदा हो गया है। घर बिल्कुल खाली था। खुदाबख़्श हस्ब-ए-मामूल बाहर था। देर तक वो दरी पर गाव तकिया सर के नीचे रख कर लेटी रही, पर जब उस की गर्दन ऊंचाई के बाइस अकड़ सी गई तो उठ कर बाहर बालकोनी में चली गई ताकि गम अफ्जा खयालात को अपने दिमाग में से निकाल दे।

सामने पटड़ियों पर गाड़ियों के डिब्बे खड़े थे पर इंजन कोई भी न था। शाम का वक्त था। छिड़काव हो चुका था इसलिए गर्द-ओ-गुबार दब गया था। बाजार में ऐसे आदमी चलने शुरू हो गए थे जो ताक-झांक करने के बाद चुपचाप घरों का रुख़ करते हैं।

ऐसे ही एक आदमी ने गर्दन ऊंची करके सुल्ताना की तरफ देखा। सुल्ताना मुस्कुरा दी और उसको भूल गई क्योंकि अब सामने पटड़ियों पर एक इंजन नुमूदार हो गया था। सुल्ताना ने गौर से उसकी तरफ देखना शुरू किया और आहिस्ता आहिस्ता ये ख्याल उसके दिमाग में आया कि इंजन ने भी काला लिबास पहन रखा है।

ये अजीब-ओ-गरीब ख्याल दिमाग से निकालने की खातिर जब उसने सड़क की जानिब देखा तो उसे वही आदमी बैलगाड़ी के पास खड़ा नजर आया जिसने उसकी तरफ ललचाई नजरों से देखा

था। सुल्ताना ने हाथ से उसे इशारा किया। उस आदमी ने इधर उधर देख कर एक लतीफ इशारे से पूछा, किधर से आऊं, सुल्ताना ने उसे रास्ता बता दिया। वो आदमी थोड़ी देर खड़ा रहा मगर फिर बड़ी फुर्ती से ऊपर चला आया।

सुल्ताना ने उसे दरी पर बिठाया। जब वो बैठ गया तो उसने सिलसिल-ए-गुफ्तुगू शुरू करने के लिए कहा, "आप ऊपर आते डर रहे थे।"

वो आदमी ये सुन कर मुस्कुराया, "तुम्हें कैसे मालूम हुआ... डरने की बात ही क्या थी?"

इस पर सुल्ताना ने कहा, "ये मैंने इसलिए कहा कि आप देर तक वहीं खड़े रहे और फिर कुछ सोच कर इधर आए।"

वो ये सुन कर फिर मुस्कुराया, "तुम्हें गलतफहमी हुई। मैं तुम्हारे ऊपर वाले फ्लैट की तरफ देख रहा था। वहां कोई औरत खड़ी एक मर्द को ठेंगा दिखा रही थी। मुझे ये मंजर पसंद आया। फिर बालकोनी में सब्ज बल्ब रोशन हुआ तो मैं कुछ देर के लिए ठहर गया। सब्ज रोशनी मुझे पसंद है। आँखों को बहुत अच्छी लगती है।" ये कह उसने कमरे का जायजा लेना शुरू कर दिया। फिर वो उठ खड़ा हुआ।

सुल्ताना ने पूछा, "आप जा रहे हैं?"

उस आदमी ने जवाब दिया, "नहीं, मैं तुम्हारे इस मकान को देखना चाहता हूँ... चलो मुझे तमाम कमरे दिखाओ।"

सुल्ताना ने उसको तीनों कमरे एक एक करके दिखा दिए। उस आदमी ने बिल्कुल खामोशी से उन कमरों का मुआइना किया। जब वो दोनों फिर उसी कमरे में आगए जहां पहले बैठे तो उस आदमी ने कहा, "मेरा नाम शंकर है।"

सुल्ताना ने पहली बार गौर से शंकर की तरफ देखा। वो मुतव. स्सित कद का मामूली शक्ल-ओ-सूरत का आदमी था मगर उसकी

आँखें गैरमामूली तौर पर साफ और शफ्फाफ थीं। कभी कभी उनमें एक अजीब क़िस्म की चमक भी पैदा होती थी। गठीला और कसरती बदन था। कनपटियों पर उसके बाल सफेद हो रहे थे। खाकस्तरी रंग की गर्म पतलून पहने था। सफेद कमीज थी जिसका कालर गर्दन पर से ऊपर को उठा हुआ था।

शंकर कुछ इस तरह दरी पर बैठा था कि मालूम होता था शंकर के बजाय सुल्ताना गाहक है। इस एहसास ने सुल्ताना को कदरे परेशान कर दिया। चुनांचे उसने शंकर से कहा,"फरमाईए..."

शंकर बैठा था, ये सुन कर लेट गया, "मैं क्या फर्माऊँ, कुछ तुम ही फरमाओ। बुलाया तुम्हीं ने है मुझे।"

जब सुलताना कुछ न बोली तो वो उठ बैठा, "मैं समझा, लो अब मुझ से सुनो, जो कुछ तुम ने समझा, गलत है, मैं उन लोगों में से नहीं हूँ जो कुछ देकर जाते हैं। डाक्टरों की तरह मेरी भी फीस है। मुझे जब बुलाया जाये तो फीस देना ही पड़ती है।"

सुल्ताना ये सुन कर चकरा गई मगर इसके बावजूद उसे बेअख्तियार हंसी आ गई, "आप काम क्या करते हैं?"

शंकर ने जवाब दिया, "यही जो तुम लोग करते हो।"

"क्या?"

"तुम क्या करती हो?"

"मैं... मैं... मैं कुछ भी नहीं करती।"

"मैं भी कुछ नहीं करता।"

सुल्ताना ने भन्ना कर कहा, "ये तो कोई बात न हुई... आप कुछ न कुछ तो जरूर करते होंगे।"

शंकर ने बड़े इत्मिनान से जवाब दिया, "तुम भी कुछ न कुछ जरूर करती होगी।"

"झक मारती हूँ।"

"मैं भी झक मारता हूँ।"

"तो आओ दोनों झक मारें।"

"मैं हाजिर हूँ मगर झक मारने के लिए दाम मैं कभी नहीं दिया करता।"

"होश की दवा करो... ये लंगरखाना नहीं।"

"और मैं भी वालंटियर नहीं हूँ।"

सुल्ताना यहां रुक गई। उसने पूछा, "ये वालंटियर कौन होते हैं।"

शंकर ने जवाब दिया, "उल्लु के पट्ठे।"

"मैं भी उल्लू की पट्ठी नहीं।"

"मगर वो आदमी खुदाबख्श जो तुम्हारे साथ रहता है जरूर उल्लु का पट्ठा है।"

"क्यों?"

"इसलिए कि वो कई दिनों से एक ऐसे खुदा रसीदा फकीर के पास अपनी क़िस्मत खुलवाने की खातिर जा रहा है जिसकी अपनी किस्मत जंग लगे ताले की तरह बंद है।" ये कह कर शंकर हंसा।

इस पर सुल्ताना ने कहा, "तुम हिंदू हो, इसीलिए हमारे इन बुजुर्गों का मजाक उड़ाते हो।"

शंकर मुस्कुराया, "ऐसी जगहों पर हिंदू-मुस्लिम सवाल पैदा नहीं हुआ करते। पण्डित-मौलवी और मिस्टर जिन्ना अगर यहां आएं तो वो भी शरीफ आदमी बन जाएं।"

"जाने तुम क्या ऊट पटांग बातें करते हो, बोलो रहोगे?"

"उसी शर्त पर जो पहले बता चुका हूँ।"

सुल्ताना उठ खड़ी हुई, "तो जाओ रस्ता पकड़ो।"

शंकर आराम से उठा। पतलून की जेबों में उसने अपने दोनों हाथ ठूंसे और जाते हुए कहा, "मैं कभी कभी इस बाजार से गुजरा

करता हूँ। जब भी तुम्हें मेरी जरूरत हो बुला लेना... मैं बहुत काम का आदमी हूँ।"

शंकर चला गया और सुल्ताना काले लिबास को भूल कर देर तक उसके मुतअल्लिक सोचती रही। उस आदमी की बातों ने उसके दुख को बहुत हल्का कर दिया था। अगर वो अंबाले में आया होता जहां कि वो खुशहाल थी तो उसने किसी और ही रंग में उस आदमी को देखा होता और बहुत मुम्किन है कि उसे धक्के देकर बाहर निकाल दिया होता मगर यहां चूँकि वो बहुत उदास रहती थी, इसलिए शंकर की बातें उसे पसंद आईं।

शाम को जब खुदाबख्श आया तो सुल्ताना ने उससे पूछा, "तुम आज सारा दिन किधर गायब रहे हो?"

खुदाबख्श थक कर चूर चूर होरहा था, कहने लगा, "पुराने किला के पास से आरहा हूँ। वहां एक बुजुर्ग कुछ दिनों से ठहरे हुए हैं, उन्ही के पास हर रोज जाता हूँ कि हमारे दिन फिर जाएं..."

"कुछ उन्होंने तुम से कहा?"

"नहीं, अभी वो मेहरबान नहीं हुए... पर सुलताना, मैं जो उनकी खिदमत कर रहा हूँ वो अकारत कभी नहीं जाएगी। अल्लाह का फजल शामिल-ए-हाल रहा तो जरूर वारे-न्यारे हो जाएंगे।"

सुल्ताना के दिमाग में मुहर्रम मनाने का ख्याल समाया हुआ था, खुदाबख्श से रोंनी आवाज में कहने लगी, "सारा सारा दिन बाहर गायब रहते हो... मैं यहां पिंजरे में कैद रहती हूँ, न कहीं जा सकती हूँ न आ सकती हूँ। मुहर्रम सर पर आगया है, कुछ तुमने इसकी भी फिक्र की कि मुझे काले कपड़े चाहिऐं, घर में फूटी कौड़ी तक नहीं। कंगनियाँ थीं सो वो एक एक करके बिक गईं, अब तुम ही बताओ क्या होगा? यूं फकीरों के पीछे कब तक मारे मारे फिरा करोगे। मुझे तो ऐसा दिखाई देता है कि यहां दिल्ली में खुदा ने भी हम से मुँह मोड़ लिया है। मेरी सुनो तो अपना काम शुरू कर दो। कुछ तो सहारा हो ही जाएगा।"

खुदाबख्श दरी पर लेट गया और कहने लगा, "पर ये काम शुरू करने के लिए भी तो थोड़ा बहुत सरमाया चाहिए... खुदा के लिए अब ऐसी दुख भरी बातें न करो। मुझसे अब बर्दाश्त नहीं हो सकतीं। मैंने सचमुच अंबाला छोड़ने में सख्त गलती की, पर जो करता है अल्लाह ही करता है और हमारी बेहतरी ही के लिए करता है, क्या पता है कि कुछ देर और तकलीफें बर्दाश्त करने के बाद हम..."

सुल्ताना ने बात काट कर कहा, "तुम खुदा के लिए कुछ करो। चोरी करो या डाका मॉरो पर मुझे एक शलवार का कपड़ा जरूर ला दो। मेरे पास सफेद बोसकी की कमीज पड़ी है, उसको मैं काला रंगवा लूंगी। सफेद नैनों का एक नया दुपट्टा भी मेरे पास मौजूद है, वही जो तुमने मुझे दीवाली पर ला कर दिया था, ये भी कमीज के साथ ही काला रंगवा लिया जाएगा। एक सिर्फ शलवार की कसर है, सो वह तुम किसी न किसी तरह पैदा करदो... देखो तुम्हें मेरी जान की कसम किसी न किसी तरह जरूर लादो... मेरी भत्ती खाओ अगर न लाओ।"

खुदाबख्श उठ बैठा, "अब तुम ख्वाह-मख्वाह जोर दिए चली जा रही हो... मैं कहाँ से लाऊँगा... अफीम खाने के लिए तो मेरे पास पैसा नहीं।"

"कुछ भी करो, मगर मुझे साढ़े चार गज काली साटन लादो।"

"दुआ करो कि आज रात ही अल्लाह दो-तीन आदमी भेज दे।"

"लेकिन तुम कुछ नहीं करोगे... तुम अगर चाहो तो जरूर इतने पैसे पैदा कर सकते हो। जंग से पहले ये साटन बारह चौदह आने गज मिल जाती थी, अब सवा रुपये गज के हिसाब से मिलती है। साढ़े चार गजों पर कितने रुपये खर्च हो जाऐंगे?"

"अब तुम कहती हो तो मैं कोई हीला करूंगा।" ये कह कर खुदाबख्श उठा, "लो अब इन बातों को भूल जाओ, मैं होटल से खाना ले आऊं।"

होटल से खाना आया दोनों ने मिल कर जहर मार किया और सो गए। सुबह हुई। ख़ुदाबख़्श पुराने किले वाले फकीर के पास चला गया और सुल्ताना अकेली रह गई। कुछ देर लेटी रही, कुछ देर सोई रही। इधर उधर कमरों में टहलती रही, दोपहर का खाना खाने के बाद उसने अपना सफेद नैनों का दुपट्टा और सफेद बोसकी की कमीज निकाली और नीचे लांड्री वाले को रंगने के लिए दे आई। कपड़े धोने के इलावा वहां रंगने का काम भी होता था।

ये काम करने के बाद उसने वापस आकर फिल्मों की किताबें पढ़ीं जिनमें उसकी देखी हुई फिल्मों की कहानी और गीत छपे हुए थे। ये किताबें पढ़ते पढ़ते वो सो गई, जब उठी तो चार बज चुके थे क्योंकि धूप आंगन में से मोरी के पास पहुंच चुकी थी।

नहा-धो कर फारिग हुई तो गर्म चादर ओढ़ कर बालकोनी में आ खड़ी हुई। क़रीबन एक घंटा सुल्ताना बालकोनी में खड़ी रही। अब शाम होगई थी। बत्तियां रोशन हो रही थीं। नीचे सड़क में रौनक के आसार नजर आने लगे। सर्दी में थोड़ी सी शिद्दत होगई थी मगर सुल्ताना को ये नागवार मालूम न हुई।

वो सड़क पर आते-जाते टांगों और मोटरों की तरफ एक अर्सा से देख रही थी। दफअतन उसे शंकर नजर आया। मकान के नीचे पहुंच कर उसने गर्दन ऊंची की और सुल्ताना की तरफ देख कर मुस्कुरा दिया। सुल्ताना ने गैर इरादी तौर पर हाथ का इशारा किया और उसे ऊपर बुला लिया।

जब शंकर ऊपर आगया तो सुल्ताना बहुत परेशान हुई कि उससे क्या कहे। दरअसल उसने ऐसे ही बिला सोचे समझे उसे इशारा कर दिया था। शंकर बेहद मुतमइन था जैसे उसका अपना घर है, चुनांचे बड़ी बेतकल्लुफी से पहले रोज की तरह वो गाव तकिया सर के नीचे रख कर लेट गया। जब सुल्ताना ने देर तक उससे कोई बात न की तो उससे कहा, "तुम मुझे सौ दफा बुला सकती हो और सौ दफा ही कह सकती हो कि चले जाओ... मैं ऐसी बातों पर कभी नाराज नहीं हुआ करता।"

सुल्ताना शश-ओ-पंज में गिरफ्तार होगई, कहने लगी, "नहीं बैठो, तुम्हें जाने को कौन कहता है।"

शंकर इस पर मुस्कुरा दिया, "तो मेरी शर्तें तुम्हें मंजूर हैं।"

"कैसी शर्तें?" सुल्ताना ने हंस कर कहा, "क्या निकाह कर रहे हो मुझ से?"

"निकाह और शादी कैसी? न तुम उम्र भर में किसी से निकाह करोगी न मैं। ये रस्में हम लोगों के लिए नहीं... छोड़ो इन फुजूलियात को। कोई काम की बात करो।"

"बोलो क्या बात करूं?"

"तुम औरत हो... कोई ऐसी बात शुरू करो जिससे दो घड़ी दिल बहल जाये। इस दुनिया में सिर्फ दुकानदारी ही दुकानदारी नहीं, और कुछ भी है।"

सुल्ताना जेह्नी तौर पर अब शंकर को कबूल कर चुकी थी। कहने लगी, "साफ साफ कहो, तुम मुझ से क्या चाहते हो।"

"जो दूसरे चाहते हैं।" शंकर उठ कर बैठ गया।

"तुम में और दूसरों में फिर फ़र्क ही क्या रहा।"

"तुम में और मुझ में कोई फ़र्क नहीं। उनमें और मुझमें जमीन-ओ-आसमान का फर्क़ है। ऐसी बहुत सी बातें होती हैं जो पूछना नहीं चाहिऐं खुद समझना चाहिऐं।"

सुल्ताना ने थोड़ी देर तक शंकर की इस बात को समझने की कोशिश की फिर कहा, "मैं समझ गई हूँ।"

"तो कहो, क्या इरादा है।"

"तुम जीते, मैं हारी। पर मैं कहती हूँ, आज तक किसी ने ऐसी बात कबूल न की होगी।"

"तुम गलत कहती हो... इसी मुहल्ले में तुम्हें ऐसी सादा लौह औरतें भी मिल जाएंगी जो कभी यक़ीन नहीं करेंगी कि औरत ऐसी जिल्लत कबूल कर सकती है जो तुम बगैर किसी एहसास के

कबूल करती रही हो। लेकिन उनके न यक़ीन करने के बावजूद तुम हजारों की तादाद में मौजूद हो... तुम्हारा नाम सुल्ताना है न?"

"सुल्ताना ही है।"

शंकर उठ खड़ा हुआ और हँसने लगा, "मेरा नाम शंकर है... ये नाम भी अजब ऊटपटांग होते हैं, चलो आओ अंदर चलें।"

शंकर और सुल्ताना दरी वाले कमरे में वापस आए तो दोनों हंस रहे थे, न जाने किस बात पर। जब शंकर जाने लगा तो सुल्ताना ने कहा, "शंकर मेरी एक बात मानोगे?"

शंकर ने जवाबन कहा, "पहले बात बताओ।"

सुल्ताना कुछ झेंप सी गई, "तुम कहोगे कि मैं दाम वसूल करना चाहती हूँ मगर।"

"कहो कहो... रुक क्यों गई हो।"

सुल्ताना ने जुर्रत से काम लेकर कहा, "बात ये है कि मुहर्रम आरहा है और मेरे पास इतने पैसे नहीं कि मैं काली शलवार बनवा सकूं... यहां के सारे दुखड़े तो तुम मुझसे सुन ही चुके हो। कमीज और दुपट्टा मेरे पास मौजूद था जो मैंने आज रंगवाने के लिए दे दिया है।"

शंकर ने ये सुन कर कहा, "तुम चाहती हो कि मैं तुम्हें कुछ रुपये दे दूं जो तुम ये काली शलवार बनवा सको।"

सुल्ताना ने फौरन ही कहा, "नहीं, मेरा मतलब ये है कि अगर हो सके तो तुम मुझे एक काली शलवार बनवा दो।"

शंकर मुस्कुराया, "मेरी जेब में तो इत्तिफाक ही से कभी कुछ होता है, बहरहाल मैं कोशिश करूंगा। मुहर्रम की पहली तारीख़ को तुम्हें ये शलवार मिल जाएगी। ले बस अब ख़ुश हो गई।"

सुल्ताना के बुन्दों की तरफ देख कर शंकर ने पूछा, "क्या ये बुन्दे तुम मुझे दे सकती हो?"

सुल्ताना ने हंस कर कहा, "तुम इन्हें क्या करोगे। चांदी के मामूली बुन्दे हैं। ज्यादा से ज्यादा पाँच रुपये के होंगे।"

इस पर शंकर ने कहा, "मैंने तुम से बुन्दे मांगे हैं। उनकी कीमत नहीं पूछी, बोलो, देती हो।"

"ले लो। ये कह कर सुल्ताना ने बुन्दे उतार कर शंकर को दे दिए। इसके बाद अफ्सोस हुआ मगर शंकर जा चुका था।

सुल्ताना को कतअन यक़ीन नहीं था कि शंकर अपना वादा पूरा करेगा मगर आठ रोज के बाद मुहर्रम की पहली तारीख़ को सुबह नौ बजे दरवाजे पर दस्तक हुई। सुल्ताना ने दरवाजा खोला तो शंकर खड़ा था। अख्बार में लिपटी हुई चीज उसने सुल्ताना को दी और कहा, "साटन की काली शलवार है... देख लेना, शायद लंबी हो... अब मैं चलता हूँ।"

शंकर शलवार दे कर चला गया और कोई बात उसने सुल्ताना से न की। उसकी पतलून में शिकनें पड़ी हुई थीं, बाल बिखरे हुए थे। ऐसा मालूम होता था कि अभी अभी सो कर उठा है और सीधा इधर ही चला आया है।

सुल्ताना ने कागज खोला। साटन की काली शलवार थी ऐसी ही जैसी कि वो अनवरी के पास देख कर आई थी। सुल्ताना बहुत ख़ुश हूई। बुन्दों और इस सौदे का जो अफ्सोस उसे हुआ था इस शलवार ने और शंकर की वादा ईफाई ने दूर कर दिया।

दोपहर को वो नीचे लांड्री वाले से अपनी रंगी हुई कमीज और दुपट्टा लेकर आई। तीनों काले कपड़े उसने जब पहन लिए तो दरवाजे पर दस्तक हुई। सुल्ताना ने दरवाजा खोला तो अनवरी अंदर दाख़िल हुई। उसने सुल्ताना के तीनों कपड़ों की तरफ देखा और कहा, "कमीज और दुपट्टा तो रंगा हुआ मालूम होता है, पर ये शलवार नई है... कब बनवाई?"

सुल्ताना ने जवाब दिया, "आज ही दर्जी लाया है।" ये कहते हुए उसकी नजरें अनवरी के कानों पर पड़ी। "ये बुन्दे तुमने कहाँ से लिये?"

अनवरी ने जवाब दिय, "आज ही मंगवाए हैं।"

इसके बाद दोनों को थोड़ी देर तक खामोश रहना पड़ा।

उल्लू का पट्ठा

कासिम सुबह सात बजे लिहाफ से बाहर निकला और गुसलखाने की तरफ चला। रास्ते में, ये इसको ठीक तौर पर मालूम नहीं, सोने वाले कमरे में, सहन में या गुसलखाने के अंदर उसके दिल में ये ख्वाहिश पैदा हुई कि वो किसी को उल्लु का पट्ठा कहे। बस सिर्फ एक बार गुस्से में या तंजिया अंदाज में किसी को उल्लू का पट्ठा कह दे।

कासिम के दिल में इससे पहले कई बार बड़ी बड़ी अनोखी ख्वाहिशें पैदा हो चुकी थीं मगर ये ख्वाहिश सबसे निराली थी। वो बहुत खुश था। रात उसको बड़ी प्यारी नींद आई थी। वो खुद को बहुत तर-ओ-ताजा महसूस कर रहा था। लेकिन फिर ये ख्वाहिश कैसे उसके दिल में दाख़िल हो गई। दाँत साफ करते वक्त उसने जरूरत से ज्यादा वक्त सर्फ किया जिस के बाइस उसके मसूड़े छिल गए। दरअसल वो सोचता रहा कि ये अजीब-ओ-गरीब ख्वाहिश क्यों पैदा हुई। मगर वो किसी नतीजे पर न पहुंच सका।

बीवी से वो बहुत खुश था। उनमें कभी लड़ाई न हुई थी, नौकरों पर भी वो नाराज नहीं था। इस लिए कि गुलाम मुहम्मद और नबी बख्श दोनों खामोशी से काम करने वाले मुस्तइद नौकर थे। मौसम भी निहायत खुशगवार था। फरवरी के सुहाने दिन थे जिनमें कुंवारपने की ताजगी थी। हवा खुनक और हल्की। दिन छोटे न रातें लंबी। नेचर का तवाजुन बिल्कुल ठीक था और कासिम की सेहत भी खूब थी। समझ में नहीं आता था कि किसी को बगैर

वजह के उल्लू का पट्ठा कहने की ख्वाहिश उसके दिल में क्योंकर पैदा हो गई।

कासिम ने अपनी जिंदगी के अट्ठाईस बरसों में मुतअद्दिद लोगों को उल्लु का पट्ठा कहा होगा और बहुत मुम्किन है कि इससे भी कड़े लफ्ज उसने बा'ज मौकों पर इस्तेमाल किए हों और गंदी गालियां भी दी हों मगर उसे अच्छी तरह याद था कि ऐसे मौकों पर ख्वाहिश बहुत पहले उसके दिल में पैदा नहीं हुई थी मगर अब अचानक तौर पर उसने महसूस किया था कि वो किसी को उल्लु का पट्ठा कहना चाहता है और ये ख्वाहिश लम्हा-ब-लम्हा शिद्दत इख्तियार करती चली गई जैसे उस ने अगर किसी को उल्लू का पट्ठा न कहा तो बहुत बड़ा हर्ज हो जाएगा।

दाँत साफ करने के बाद उसने छिले हुए मसूड़ों को अपने कमरे में जा कर आईने में देखा। मगर देर तक उनको देखते रहने से भी वो ख्वाहिश न दबी जो एका एकी उसके दिल में पैदा हो गई थी।

कासिम मंतकी किस्म का आदमी था। वो बात के तमाम पहलूओं पर गौर करने का आदी था। आईना मेज पर रख कर वह आराम कुर्सी पर बैठ गया और ठंडे दिमाग से सोचने लगा।

मान लिया कि मेरा किसी को उल्लू का पट्ठा कहने को जी चाहता है, मगर ये कोई बात तो न हुई... मैं किसी को उल्लू का पट्ठा क्यों कहूं? मैं किसी से नाराज भी तो नहीं हूँ।

ये सोचते सोचते उसकी नजर सामने दरवाजे के बीच में रखे हुए हुक्के पर पड़ी। एक दम उसके दिल में ये बातें पैदा हुई, अजीब वाहियात नौकर है। दरवाजे के ऐन बीच में ये हुक्का टिका दिया है। में अभी इस दरवाजे से अंदर आया हूँ, अगर ठोकर से भरी हुई चिलिम गिर पड़ती तो पा अंदाज जोकि मूंज का बना हुआ है जलना शुरू हो जाता और साथ ही कालीन भी...

उसके जी में आई कि गुलाम मुहम्मद को आवाज दे। जब वो भागा हुआ उसके सामने आजाए तो वो भरे हुए हुक्के की तरफ

इशारा करके उससे सिर्फ इतना कहे, "तुम निरे उल्लु के पट्ठे हो।" मगर उसने तअम्मुल किया और सोचा, "यूं बिगड़ना अच्छा मालूम नहीं होता। अगर गुलाम मुहम्मद को अब बुला कर उल्लू का पट्ठा कह भी दिया तो वो बात पैदा न होगी और फिर... और फिर उस बेचारे का कोई क़ुसूर भी तो नहीं है। मैं दरवाजे के पास बैठ कर ही तो हर रोज हुक्का पीता हूँ।"

चुनांचे वो ख़ुशी जो एक लम्हे के लिए कासिम के दिल में पैदा हुई थी कि उसने उल्लू का पट्ठा कहने के लिए एक अच्छा मौका तलाश कर लिया, गायब हो गई।

दफ्तर के वक्त में अभी काफी देर थी। पूरे दो घंटे पड़े थे, दरवाजे के पास कुर्सी रख कर कासिम अपने मामूल के मुताबिक बैठ गया और हुक्क़ानोशी में मसरूफ हो गया।

कुछ देर तक वो सोच-बिचार किए बगैर हुक का धुआं पीता रहा और धुंए के इंतिशार को देखता रहा। लेकिन जूंही वो हुक्कें को छोड़कर कपड़े तबदील करने के लिए साथ वाले कमरे में गया तो उसके दिल में वही ख्वाहिश नई ताजगी के साथ पैदा हुई।

कासिम घबरा गया। भई हद होगई... उल्लु का पट्ठा... मैं किसी को उल्लु का पट्ठा क्यों कहूं और ब-फर्ज-ए-मुहाल मैंने किसी को उल्लु का पट्ठा कह भी दिया तो क्या होगा?

कासिम दिल ही दिल में हंसा। वो सही-हु-द्दिमाग आदमी था। उसे अच्छी तरह मालूम था कि ये ख्वाहिश जो उसके दिल में पैदा हुई है बिल्कुल बेहूदा और बेसर-ओ-पा है लेकिन इसका क्या ईलाज था कि दबाने पर वो और भी ज्यादा उभर आती थी।

कासिम अच्छी तरह जानता था कि वो बगैर किसी वजह के उल्लु का पट्ठा न कहेगा। ख्वाह ये ख्वाहिश सदियों तक उसके दिल में तिलमिलाती रहे, शायद इसी एहसास के बाइस ये ख्वाहिश जो भटकी हुई चमगादड़ की तरह उसके रोशन दिल में चली आई थी। इस कदर तड़प रही थी।

पतलून के बटन बंद करते वक्त जब उसने दिमागी परेशानी के बाइस ऊपर का बटन निचले काज में दाखिल कर दिया तो वो झल्ला उठा। भई होगा... ये क्या बेहूदगी है? दीवानापन नहीं तो और क्या है? उल्लु का पट्ठा कहो... उल्लु का पट्ठा कहो और ये पतलून के सारे बटन मुझे फिर से बंद करने पड़ेंगे। लिबास पहन कर वो मेज पर आ बैठा। उसकी बीवी ने चाय बना कर प्याली उसके सामने रख दी और तोस पर मक्खन लगाना शुरू कर दिया। रोजाना मामूल की तरह हर चीज ठीक ठाक थी, तोस इतने अच्छे सेंके हुए थे कि बिस्कुट की तरह कुरकुरे थे और डबल रोटी भी आला किस्म की थी। खमीर में से ख़ुशबू आ रही थी। मक्खन भी साफ था, चाय की केतली बेदाग थी। उसकी हथ्थी के एक कोने पर कासिम हर रोज मैल देखा करता था। मगर आज वो धब्बा भी नहीं था।

उसने चाय का एक घूँट पिया। उसकी तबीयत ख़ुश हो गई। खालिस दार्जिलिंग की चाय थी। जिस की महक पानी में भी बरकरार थी। दूध की मिक़दार भी सही थी।

कासिम ने ख़ुश हो कर अपनी बीवी से कहा, "आज चाय का रंग बहुत ही प्यारा है और बड़े सलीके से बनाई गई है।"

बीवी तारीफ सुन कर ख़ुश हुई, मगर उसने मुँह बना कर एक अदा से कहा, "जी हाँ। बस आज इत्तिफाक़ से अच्छी बन गई है वर्ना हर रोज तो आपको नीम घोल के पिलाई जाती है... मुझे सलीका कहाँ आता है, सलीके वालियां तो वो मुई होटल की छोकरियां हैं जिनके आप हर वक्त गुन गाया करते हैं।"

ये तक़रीर सुनकर कासिम की तबीयत मुकद्दर होगई। एक लम्हा के लिए उसके जी में आई कि चाय की प्याली मेज पर उलट दे और वो नीम जो उसने अपने बच्चे की फुसियां धोने के लिए गुलाम मुहम्मद से मंगवाई थी और सामने बड़े ताकचे में पड़ी थी घोल कर पी ले, मगर उसने बुर्दबारी से काम लिया।

ये औरत मेरी बीवी है। इसमें कोई शक नहीं कि उसकी बात बहुत ही भोंडी है मगर हिंदुस्तान में सब लड़कियां बीवी बन कर ऐसी भोंडी बातें ही करती हैं और बीवी बनने से पहले अपने घरों में वो अपनी माओं से कैसी बातें सुनती हैं?

बिल्कुल ऐसी अदना किस्म की बातें और उसकी वजह सिर्फ ये है कि औरतों को उमूमी जिंदगी में अपनी हैसियत की खबर ही नहीं। मेरी बीवी तो फिर भी गनीमत है यानी सिर्फ एक अदा के तौर पर ऐसी भोंडी बात कह देती है, उसकी नीयत नेक होती है। बा'ज औरतों का तो ये शिआर होता है कि हर वक्त बकवास करती रहती हैं।

ये सोच कर कासिम ने अपनी निगाहें उस ताकचे पर से हटा लीं जिसमें नीम के पत्ते धूप में सूख रहे थे और बात का रुख़ बदल कर उसने मुस्कुराते हुए कहा, "देखो, आज नीम के पानी से बच्चे की टांगें जरूर धो देना। नीम जख्मों के लिए बड़ी अच्छी होती है और देखो, तुम मौसंबियों का रस जरूर पिया करो... मैं दफ्तर से लौटते हुए एक दर्जन और ले आऊँगा। ये रस तुम्हारी सेहत के लिए बहुत जरूरी है।"

बीवी मुस्कुरा दी, "आपको तो बस हर वक्त मेरी ही सेहत का ख्याल रहता है। अच्छी भली तो हूँ, खाती हूँ, पीती हूँ, दौड़ती हूँ, भागती हूँ। मैंने जो आपके लिए बादाम मंगवा के रखे हैं, भई आज दस बीस आपकी जेब में डाले बगैर न रहूंगी, लेकिन दफ्तर में कहीं बांट न दीजिएगा।"

कासिम ख़ुश हो गया कि चलो मौसंबियों के रस और बादामों ने उसकी बीवी के मस्नूई गुस्से को दूर कर दिया और ये मरहला आसानी से तय हो गया। दरअसल कासिम ऐसे मरहलों को आसानी के साथ इन तरीकों ही से तय किया करता था जो उसने पड़ोस के पुराने शौहरों से सीखे थे और अपने घर के माहौल के मुताबिक उनमें थोड़ा बहुत रद्दोबदल कर लिया था।

चाय से फारिग होकर उसने जेब से सिगरेट निकाल कर सुलग. ाया और उठ कर दफ्तर जाने की तैयारी करने ही वाला था कि फिर वही ख्वाहिश नमूदार हो गई। इस मर्तबा उसने सोचा, "अगर मैं किसी को उल्लु का पट्ठा कह दूं तो क्या हर्ज है। जेर-ए-लब बिल्कुल हौले से कह दूं, उल्लु... का... पट्ठा... तो मेरा ख्याल है कि मुझे दिली तस्कीन हो जाएगी। ये ख्वाहिश मेरे सीने में बोझ बन कर बैठ गई है। क्यों न उसको हल्का कर दूँ... दफ्तर में।"

उसको सहन में बच्चे का कमोड नजर आया। यूं सहन में कमोड रखना सख्त बदतमीजी थी और खुसूसन उस वक्त जब कि वो नाश्ता कर चुका था और ख़ुशबूदार कुरकुरे तोस और तले हुए अंडों का जायका अभी तक उसके मुँह में था। उसने जोर से आवाज दी, "गुलाम मुहम्मद।"

कासिम की बीवी जो अभी तक नाश्ता कर रही थी बोली, "गुलाम मुहम्मद बाहर गोश्त लेने गया है... कोई काम था आपको उससे?"

एक सेकेण्ड के अंदर अंदर कासिम के दिमाग में बहुत सी बातें आई, कह दूं, ये गुलाम मुहम्मद उल्लु का पट्ठा है... और ये कह कर जल्दी से बाहर निकल जाऊं। नहीं... वो खुद तो मौजूद ही नहीं, फिर... बिल्कुल बेकार है, लेकिन सवाल ये है कि बेचारे गुलाम मुहम्मद ही को क्यों निशाना बनाया जाये। उसको तो मैं हर वक्त उल्लु का पट्ठा कह सकता हूँ..."

कासिम ने अध जला सिगरेट गिरा दिया और बीवी से कहा, "कुछ नहीं, मैं उससे ये कहना चाहता था कि दफ्तर में मेरा खाना बेशक डेढ़ बजे ले आया करे... तुम्हें खाना जल्दी भेजने में बहुत तकलीफ करना पड़ती है।" ये कहते हुए उसने बीवी की तरफ देखा जो फर्श पर उसके गिराए हुए सिगरेट को देख रही थी।

कासिम को फौरन अपनी गलती का एहसास हुआ। ये सिगरेट अगर बुझ गया और यहां पड़ा रहा तो उसका बच्चा रेंगता रेंगता

आएगा और उसे उठा कर मुँह में डाल लेगा। जिसका नतीजा ये होगा कि उसके पेट में गड़बड़ मच जाएगी।

कासिम ने सिगरेट का टुकड़ा उठा कर गुसलखाने की मोरी में फेंक दिया। ये भी अच्छा हुआ कि मैंने जज्बात से मग्लूब हो कर गुलाम मुहम्मद को उल्लु का पट्ठा नहीं कह दिया। उससे अगर एक गलती हुई है तो अभी अभी मुझसे भी तो हुई थी और मैं समझता हूँ कि मेरी गलती ज्यादा शदीद थी...

कासिम बड़ा सही-हु-द्दिमाग आदमी था। उसे इस बात का एहसास था कि वो सही खुतूत पर गौर-ओ-फिक्र करने वाला इंसान है। मगर इस एहसास ने उसके अंदर बरतरी का ख्याल कभी पैदा नहीं किया था। यहां पर फिर उसकी सही-हु-द्दिमागी को दखल था कि वो एहसास-ए-बरतरी को अपने अंदर दबा दिया करता था।

मोरी में सिगरेट का टुकड़ा फेंकने के बाद उसने बिला जरूरत सहन में टहलना शुरू कर दिया। वो दरअसल कुछ देर के लिए बिल्कुल खाली-उ-ज्जेहन हो गया था।

उसकी बीवी नाश्ता का आखिरी तोस खा चुकी थी। कासिम को यूं टहलते देख कर वो उसके पास आई और कहने लगी, "क्या सोच रहे हैं आप।"

कासिम चौंक पड़ा, "कुछ नहीं... कुछ नहीं... दफ्तर का वक्त होगया क्या?" ये लफ्ज उसकी जबान से निकले और दिमाग में वही उल्लु का पट्ठा कहने की ख्वाहिश तड़पने लगी।

उसके जी में आई कि बीवी से साफ साफ कह दे कि ये अजीब-ओ-गरीब ख्वाहिश उसके दिल में पैदा होगई है जिसका सर है न पैर, बीवी जरूर सुनेगी और ये भी जाहिर है कि उसको बीवी का साथ देना पड़ेगा।

चुनांचे यूं हंसी-हंसी में उल्लु का पट्ठा कहने की ख्वाहिश उसके दिमाग से निकल जाएगी। मगर उसने गौर किया, इसमें कोई

शक नहीं कि बीवी हंसेगी और मैं खुद भी हंसूंगा। लेकिन ऐसा न हो कि ये बात मुस्तकिल मजाक बन जाये... ऐसा हो सकता है... हो सकता है क्या, जरूर हो जाएगा। और बहुत मुम्किन है कि अंजाम कार नाखुशगवारी पैदा हो। चुनांचे उसने अपनी बीवी से कुछ न कहा और एक लम्हा तक उसकी तरफ यूंही देखता रहा।

बीवी ने बच्चे का कमोड उठा कर कोने में रख दिया और कहा, "आज सुबह आपके बरखुर्दार ने वो सताया है कि अल्लाह की पनाह... बड़ी मुश्किलों के बाद मैंने उसे कमोड पर बिठाया। उसकी मर्जी ये थी कि बिस्तर ही को खराब करे, आखिर लड़का किसका है? "

कासिम को इस किस्म की चख पसंद थी। ऐसी बातों में वो तीखे मजाह की झलक देखता था। मुस्कुरा कर उसने बीवी से कहा, "लड़का मेरा ही है मगर... मैंने तो आज तक कभी बिस्तर खराब नहीं किया। ये आदत उसकी अपनी होगी।"

बीवी ने उसकी बात का मतलब न समझा। कासिम को मुतलक़न अफसोस न हुआ, इसलिए कि ऐसी बातें वो सिर्फ अपने मुँह का जायका दुरुस्त रखने के लिए किया करता था। वो और भी खुश हुआ जब उसकी बीवी ने जवाब न दिया और खामोश हो गई।

"अच्छा, भई मैं अब चलता हूँ, खुदा हाफिज!"

ये लफ्ज जो हर रोज उसके मुँह से निकलते थे आज भी अपनी पुरानी आसानी के साथ निकले और कासिम दरवाजा खोल कर बाहर चल दिया।

कश्मीरी गेट से निकल कर जब वो निकल्सन पार्क के पास से गुजर रहा था तो उसे एक दाढ़ी वाला आदमी नजर आया। एक हाथ में खुली हुई शलवार थामे वो दूसरे हाथ से इस्तिंजा कर रहा था। उसको देख कर कासिम के दिल में फिर उल्लु का पट्ठा कहने की ख्वाहिश पैदा हुई।

लो भई, ये आदमी है जिसको उल्लु का पट्ठा कह देना चाहिए यानी जो सही माअनों में उल्लु का पट्ठा है, जरा अंदाज मुलाहिजा हो... किस इन्हिमाक से ड्राई कलीन किए जा रहा है... जैसे कोई बहुत अहम काम सरअंजाम पा रहा है, ला'नत है।

लेकिन कासिम सही-हु-द्दिमाग आदमी था। उसने तअजील से काम न लिया और थोड़ी देर गौर किया। मैं इस फुटपाथ पर जा रहा हूँ और वो दूसरे फुटपाथ पर, अगर मैंने बुलंद आवाज में भी उसको उल्लु का पट्ठा कहा तो वो चौंकेगा नहीं। इसलिए कि कमबख्त अपने काम में बहुत बुरी तरह मसरूफ है।

चाहिए तो ये कि उसके कान के पास जोर से नारा बुलंद किया जाये और जब वो चौंक उठे तो उसे बड़े शरीफाना तौर पर समझाया जाये, किबला आप उल्लु के पट्ठे हैं... लेकिन इस तरह भी खातिर-ख्वाह नतीजा बरामद न होगा।

चुनांचे कासिम ने अपना इरादा तर्क कर दिया।

इसी अस्ना में उसके पीछे से एक साईकल नमूदार हुई। कॉलिज की एक लड़की उस पर सवार थी। इसलिए कि पीछे बस्ता बंधा था। आनन फानन उस लड़की की साड़ी फरी व्हील के दाँतों में फंसी, लड़की ने घबरा कर अगले पहिए का ब्रेक दबाया। एक दम साईकल बेकाबू हुई और एक झटके के साथ लड़की साईकल समेत सड़क पर गिर पड़ी।

कासिम ने आगे बढ़ कर लड़की को उठाने में उजलत से काम न लिया। इसलिए कि उसने हादिसा के रद्दे अमल पर गौर करना शुरू कर दिया था मगर जब उसने देखा कि लड़की की साड़ी फरी व्हील के दाँतों ने चबा डाली है और उसका बोर्डर बहुत बरी तरह उनमें उलझ गया है तो वो तेजी से आगे बढ़ा।

लड़की की तरफ देखे बगैर उसने साईकल का पिछला पहिया जरा ऊंचा उठाया ताकि उसे घुमा कर साड़ी को व्हील के दाँतों में से निकाल ले। इत्तिफाक ऐसा हुआ कि पहिया घुमाने से साड़ी

कुछ इस तरह तारों की लपेट में आई कि इधर पेटीकोट की गिरफ्त से बाहर निकल आई।

कासिम बौखला गया। उसकी इस बौखलाहट ने लड़की को बहुत ज्यादा परेशान कर दिया। जोर से उसने साड़ी को अपनी तरफ खींचा। फ्री व्हील के दाँतों में एक टुकड़ा अड़ा रह गया और साड़ी बाहर निकल आई।

लड़की का रंग लाल होगया। कासिम की तरफ उसने गजबनाक निगाहों से देखा और भिंचे हुए लहजे में कहा, "उल्लु का पट्ठा।"

मुम्किन है कुछ देर लगी हो मगर कासिम ने ऐसा महसूस किया कि लड़की ने झटपट न जाने अपनी साड़ी को क्या किया और एक दम साईकल पर सवार हो कर ये जा वो जा, नजरों से गायब होगई।

कासिम को लड़की की गाली सुनकर बहुत दुख हुआ, खासकर इसलिए कि वो यही गाली खुद किसी को देना चाहता था। मगर वो बहुत सही-हु-द्दिमाग आदमी था। ठंडे दिल से उसने हादिसे पर गौर किया और उस लड़की को माफ कर दिया।

"उसको माफ ही करना पड़ेगा। इसलिए कि इसके सिवा और कोई चारा ही नहीं। औरतों को समझना बहुत मुश्किल काम है और उन औरतों को समझना तो और भी मुश्किल हो जाता है जो साईकल पर से गिरी हुई हों लेकिन मेरी समझ में ये नहीं आता कि उसने अपनी लंबी जुराब में ऊपर रान के पास तीन चार कागज क्यों उड़स रखे थे?"

दो कौमें

मुख्तार ने शारदा को पहली मर्तबा झरनों में से देखा। वो ऊपर कोठे पर कटा हुआ पतंग लेने गया तो उसे झरनों में से एक झलक दिखाई दी। सामने वाले मकान की बालाई मंजिल की खिड़की खुली थी। एक लड़की डोंगा हाथ में लिए नहा रही थी। मुख्तार को बड़ा ता'ज्जुब हुआ कि ये लड़की कहाँ से आ गई, क्योंकि सामने वाले मकान में कोई लड़की नहीं थी, जो थीं, ब्याही जा चुकी थीं। सिर्फ रूप कौर थी, उसका पिलपिला खाविंद कालू मल था, उसके तीन लड़के थे और बस।

मुख्तार ने पतंग उठाया और ठिटक के रह गया... लड़की बहुत ख़ुबसूरत थी। उसके नंगे बदन पर सुनहरे रोएँ थे। उनमें फंसी हुई पानी की नन्ही नन्ही बूंद्नियाँ चमक रही थीं। उसका रंग हल्का साँवला था, साँवला भी नहीं। ताँबे के रंग जैसा, पानी की नन्ही नन्ही बूंद्नियाँ ऐसी लगती थीं जैसे उस का बदन पिघल कर कतरे क़तरे बन कर गिर रहा है।

मुख्तार ने झरने के सुराखों के साथ अपनी आँखें जमा दीं और उस लड़की के जो डोंगा हाथ में लिये नहा रही थी, दिलचस्पी और गौर से देखना शुरू कर दिया। उसकी उम्र ज्यादा से ज्यादा सोलह बरस की थी, गीले सीने पर उसकी छोटी छोटी गोल छातियां जिन पर पानी के क़तरे फिसल रहे थे, बड़ी दिलफरेब थीं। उसको देख कर मुख्तार के दिल-ओ-दिमाग में सिफली जज्बात पैदा न हुए। एक जवान, ख़ूबसूरत, और बिल्कुल नंगी लड़की उसकी निगाहों के सामने थी। होना ये चाहिए था कि मुख्तार के अंदर शहवानी

हैजान बरपा हो जाता, मगर वो बड़े ठंडे इन्हेमाक से उसे देख रहा था, जैसे किसी मुसव्विर की तस्वीर देख रहा है।

लड़की के निचले होंट के इख़्ततामी कोने पर बड़ा सा तिल था... बेहद मतीन, बेहद संजीदा, जैसे वो अपने वजूद से बेखबर है, लेकिन दूसरे उसके वजूद से आगाह हैं, सिर्फ इस हद तक कि उसे वहीं होना चाहिए था जहां कि वो था।

बाँहों पर सुनहरे रोएँ पानी की बूंदों के साथ लिपटे हुए चमक रहे थे। उसके सर के बाल सुनहरे नहीं, भोसले थे, जिन्हों ने शायद सुनहरे होने से इन्कार कर दिया था। जिस्म सुडौल और गदराया हुआ था लेकिन उसको देखने से इश्तआ'ल पैदा नहीं होता था। मुख़्तार देर तक झरने के साथ आँखें जमाए रहा।

लड़की ने बदन पर साबुन मला। मुख़्तार तक उसकी ख़ुश्बू पहुंची। सलोने, ताँबे जैसे रंग वाले बदन पर सफेद सफेद झाग बड़े सुहाने मालूम होते थे। फिर जब ये झाग पानी के बहाव से फिस्ले तो मुख़्तार ने महसूस किया जैसे उस लड़की ने अपना बुलबुलों का लिबास बड़े इत्मिनान से उतार कर एक तरफ रख दिया है।

गुस्ल से फारिग हो कर लड़की ने तौलिये से अपना बदन पोंछा। बड़े सुकून और इत्मिनान से आहिस्ता आहिस्ता कपड़े पहने। खिड़की के डंडे पर दोनों हाथ रखे और सामने देखा। एक दम उसकी आँखें शर्माहट की झीलों में ग़र्क़ हो गईं। उसने खिड़की बंद कर दी। मुख़्तार बेइख़्तयार हंस पड़ा।

लड़की ने फौरन खिड़की के पट खोले और बड़े गुस्से में झरने की तरफ देखा। मुख़्तार ने कहा, "मैं क़सूरवार बिल्कुल नहीं... आप क्यों खिड़की खोल कर नहा रही थीं।"

लड़की ने कुछ न कहा। गैज आलूदा निगाहों से झरने को देखा और खिड़की बंद करली।

चौथे दिन रूप कौर आई। उसके साथ यही लड़की थी। मुख़्तार की माँ और बहन दोनों सिलाई और क्रोशिए के काम की माहिर थीं, गली की अक्सर लड़कियां उनसे ये काम सीखने के लिए

आया करती थीं। रूप कौर भी उस लड़की को इसी गरज से लाई थी क्योंकि उसको क्रोशिए के काम का बहुत शौक़ था। मुख्तार अपने कमरे से निकल कर सहन में आया तो उसने रूप कौर को परनाम किया। लड़की पर उसकी निगाह पड़ी तो वो सिमट सी गई। मुख्तार मुस्कुरा कर वहां से चला गया।

लड़की रोजाना आने लगी। मुख्तार को देखती तो सिमट जाती। आहिस्ता आहिस्ता उसका ये रद्द-ए-अ'मल दूर हुआ और उसके दिमाग से ये खयाल किसी कदर मह्व हुआ कि मुख्तार ने उसे नहाते देखा था।

मुख्तार को मालूम हुआ कि उसका नाम शारदा है। रूप कौर के चचा की लड़की है, यतीम है। चिचो की मल्लियां में एक गरीब रिश्तेदार के साथ रहती थी। रूप कौर ने उसको अपने पास बुला लिया। एंट्रेंस पास है, बड़ी जहीन है, क्योंकि उसने क्रोशिए का मुश्किल से मुश्किल काम यूं चुटकियों में सीख लिया था।

दिन गुजरते गए। इस दौरान में मुख्तार ने महसूस किया कि वो शारदा की मोहब्बत में गिरफ्तार हो गया है। ये सब कुछ धीरे ध ीरे हुआ। जब मुख्तार ने उसको पहली बार झरने में से देखा था तो उस वक्त उसके सामने एक नजारा था, बड़ा फरहतनाक नजारा। लेकिन अब शारदा आहिस्ता आहिस्ता उसके दिल में बैठ गई थी। मुख्तार ने कई दफा सोचा था कि ये मोहब्बत का मुआ'मला बिल्कुल गलत है, इसलिए कि शारदा हिंदू है। मुस्लमान कैसे एक हिंदू लड़की से मोहब्बत करने की जुरअत कर सकता है। मुख्तार ने अपने आपको बहुत समझाया लेकिन वो अपने मोहब्बत के जज्बे को मिटा न सका।

शारदा अब उससे बातें करने लगी थी मगर खुल के नहीं, उसके दिमाग में मुख्तार को देखते ही ये एहसास बेदार हो जाता था कि वो नंगी नहा रही थी और मुख्तार झरने में से उसे देख रहा था।

एक रोज घर में कोई नहीं था। मुख्तार की माँ और बहन दोनों किसी अजीज के चालीसवें पर गई हुई थीं। शारदा हस्ब-ए-मा'मूल

अपना थैला उठाए सुबह दस बजे आई। मुख़्तार सहन में चारपाई पर लेटा अख़्बार पढ़ रहा था। शारदा ने उससे पूछा, "बहन जी कहाँ हैं?"

मुख़्तार के हाथ काँपने लगे, "वो... वो कहीं बाहर गई है।"

शारदा ने पूछा, "माता जी?"

मुख़्तार उठ कर बैठ गया, "वो... वो भी उसके साथ ही गई हैं।"

"अच्छा!" ये कह कर शारदा ने किसी कदर घबराई हुई निगाहों से मुख़्तार को देखा और नमस्ते करके चलने लगी। मुख़्तार ने उसको रोका, "ठहरो शारदा!"

शारदा को जैसे बिजली के करंट ने छू लिया, चौंक कर रुक गई, "जी?"

मुख़्तार चारपाई पर से उठा, "बैठ जाओ... वो लोग अभी आ जाऐंगे!"

"जी नहीं... मैं जाती हूँ।" ये कह कर भी शारदा खड़ी रही।

मुख़्तार ने बड़ी जुरअत से काम लिया, आगे बढ़ा, उसकी एक कलाई पकड़ी और खींच कर उसके होंटों को चूम लिया। ये सब कुछ इतनी जल्दी हुआ कि मुख़्तार और शारदा दोनों को एक लहजे के लिए बिल्कुल पता न चला कि क्या हुआ है... इसके बाद दोनों लरजने लगे। मुख़्तार ने सिर्फ इतना कहा, "मुझे माफ कर देना!"

शारदा खामोश खड़ी रही। उसका ताँबे जैसा रंग सुर्ख़ी माइल हो गया। होंटों में खफीफ सी कपकपाहट थी, जैसे वो छेड़े जाने पर शिकायत कर रहे हैं। मुख़्तार अपनी हरकत और उसके नताइज भूल गया। उसने एक बार फिर शारदा को अपनी तरफ खींचा और सीने के साथ भींच लिया... शारदा ने मुजाहमत न की। वो सिर्फ मुजस्समा हैरत बनी हुई थी। वो एक सवाल बन गई थी... एक ऐसा सवाल जो अपने आप से किया गया हो। वो शायद ख़ुद से पूछी रही थी, ये क्या हुआ है, ये क्या हो रहा है? क्या उसे होना चाहिए था... क्या ऐसा किसी और से भी हुआ है?

मुख्तार ने उसे चारपाई पर बिठा लिया और पूछा, "तुम बोलती क्यों नहीं हो शादरा?"

शादरा के दुपट्टे के पीछे उसका सीना धड़क रहा था। उसने कोई जवाब न दिया। मुख्तार को उसका ये सुकूत बहुत परेशानकुन महसूस हुआ, "बोलो शारदा, अगर तुम्हें मेरी ये हरकत बुरी लगी है तो कह दो... खुदा की कसम मैं माफी मांग लूंगा... तुम्हारी तरफ निगाह उठा कर नहीं देखूंगा। मैंने कभी ऐसी जुरअत न की होती, लेकिन जाने मुझे क्या हो गया है... दरअसल... दरअसल मुझे तुमसे मोहब्बत है।"

शारदा के होंट हिले जैसे उन्होंने लफ्ज 'मोहब्बत' अदा करने की कोशिश की है। मुख्तार ने बड़ी गर्मजोशी से कहना शुरू किया, "मुझे मालूम नहीं, तुम मोहब्बत का मतलब समझती हो कि नहीं. .. मैं खुद इसके मुतअ'ल्लिक ज्यादा वाकफियत नहीं रखता, सिर्फ इतना जानता हूँ कि तुम्हें चाहता हूँ, तुम्हारी सारी हस्ती को अपनी इस मुट्ठी में ले लेना चाहता हूँ। अगर तुम चाहो तो मैं अपनी सारी जिंदगी तुम्हारे हवाले कर दूँगा, शारदा तुम बोलती क्यों नहीं हो?"

शारदा की आँखें ख्वाबगूं हो गईं। मुख्तार ने फिर बोलना शुरू कर दिया, "मैंने उस रोज झरने में से तुम्हें देखा... नहीं। तुम मुझे खुद दिखाई दीं... वो एक ऐसा नजारा था जो मैं ता कियामत नहीं भूल सकता... तुम शरमाती क्यों हो... मेरी निगाहों ने तुम्हारी ख़ूबसूरती चुराई तो नहीं... मेरी आँखों में सिर्फ उस नजारे की तस्वीर है... तुम उसे जिंदा कर दो तो मैं तुम्हारे पांव चूम लूंगा।" ये कह कर मुख्तार ने शादरा का एक पांव चूम लिया।

वो काँप गई। चारपाई पर से एक दम उठ कर उसने लर्जा आवाज में कहा, "ये आप क्या कर रहे हैं?... हमारे धर्म में..."

मुख्तार खुशी से उछल पड़ा, "धर्म-वर्म को छोड़ो... प्रेम के धर्म में सब ठीक है।" ये कह कर उसने शारदा को चूमना चाहा। मगर वो तड़प कर एक तरफ हटी और बड़े शर्मीले अंदाज में मुस्कुराती भाग गई। मुख्तार ने चाहा कि वो उड़ कर ममटी पर पहुंच जाये। वहां से नीचे सहन में कूदे और नाचना शुरू करदे।

मुख्तार की वालिदा और बहन आ गईं तो शारदा आई। मुख्तार को देख कर उसने फौरन निगाहें नीची कर लीं। मुख्तार वहां से खिसक गया कि राज इफशा न हो।

दूसरे रोज ऊपर कोठे पर चढ़ा। झरने में से झांका तो देखा कि शारदा खिड़की के पास खड़ी बालों में कंघी कर रही है। मुख्तार ने उसको आवाज दी, "शारदा।"

शादरा चौंकी। कंघी उसके हाथ से छूट कर नीचे गली में जा गिरी। मुख्तार हंसा। शारदा के होंटों पर भी मुस्कुराहट पैदा हुई। मुख्तार ने उससे कहा, "कितनी डरपोक हो तुम... हौले से आवाज दी और तुम्हारी कंघी छूट गई।"

शारद ने कहा, "अब ला के दीजिए नई कंघी मुझे... ये तो मोरी में जागरी है।"

मुख्तार ने जवाब दिया, "अभी लाऊं।"

शारद ने फौरन कहा, "नहीं नहीं... मैंने तो मजाक किया है।"

मैंने भी मजाक किया था, "तुम्हें छोड़कर मैं कंघी लेने जाता? कभी नहीं!"

शारद मुस्कुराई, "मैं बाल कैसे बनाऊं?"

मुख्तार ने झरने के सुराखों में अपनी उंगलियां डालीं, "ये मेरी उंगलियां ले लो!"

शारद हंसी... मुख्तार का जी चाहा कि वो अपनी सारी उम्र उस हंसी की छाओं में गुजार दे। "शारदा, खुदा की क़सम, तुम हंसी हो, मेरा रोवां रोवां शादमां होगया है... तुम क्यों इतनी प्यारी हो? क्या दुनिया में कोई और लड़की भी तुम जितनी प्यारी होगी... ये कमबख्त झरने... ये मिट्टी के जलील पर्दे। जी चाहता है इनको तोड़ फोड़ दूं।"

शारदा फिर हंसी। मुख्तार ने कहा, "ये हंसी कोई और न देखे, कोई और न सुने। शारदा सिर्फ मेरे सामने हंसना... और अगर कभी हंसना हो तो मुझे बुला लिया करो। मैं इसके इर्दगिर्द अपने होंटों की दीवारें खड़ी कर दूँगा।

शारद ने कहा, "आप बातें बड़ी अच्छी करते हैं।"

"तो मुझे इनाम दो... मोहब्बत की एक हल्की सी निगाह उन झरनों से मेरी तरफ फेंक दो... मैं उसे अपनी पलकों से उठा कर अपनी आँखों में छुपा लूंगा।" मुख्तार ने शारदा के अ'कब में दूर एक साया सा देखा और फौरन झरने से हट गया। थोड़ी देर बाद वापस आया तो खिड़की खाली था। शारद जा चुकी थी।

आहिस्ता आहिस्ता मुख्तार और शारद दोनों शीर-ओ-शकर हो गए। तन्हाई का मौक़ा मिलता तो देर तक प्यार मोहब्बत की बातें करते रहते... एक दिन रूप कौर और उसका खाविंद लाला कालू मल कहीं बाहर गए हुए थे। मुख्तार गली में से गुजर रहा था कि उसको एक कंकर लगा। उसने ऊपर देखा, शारदा थी। उसने हाथ के इशारे से उसे बुलाया।

मुख्तार उसके पास पहुंच गया। पूरा तख़लिया था, खूब घुल मिल के बातें हुई।

मुख्तार ने उससे कहा, "उस रोज मुझसे गुस्ताख़ी हुई थी और मैंने माफी मांग ली थी। आज फिर गुस्ताख़ी करने का इरादा रखता हूँ, लेकिन माफी नहीं मांगूंगा।" और अपने होंट शारदा के कपकपाते हुए होंटों पर रख दिए।

शारद ने शर्मीली शरारत से कहा, "अब माफी माँगिए।"

"जी नहीं... अब ये होंट आपके नहीं... मेरे हैं, क्या मैं झूट कहता हूँ?"

शारदा ने निगाहें नीची कर के कहा, "ये होंट क्या,मैं ही आपकी हूँ।"

मुख्तार एक दम संजीदा होगया, "देखो शारदा। हम इस वक्त एक आतिश फिशां पहाड़ पर खड़े हैं तुम सोच लो, समझ लो... मैं तुम्हें यक़ीन दिलाता हूँ। ख़ुदा की क़सम खा कर कहता हूँ कि तुम्हारे सिवा मेरी जिंदगी में और कोई औरत नहीं आएगी... मैं कसम खाता हूँ कि जिंदगी भर मैं तुम्हारा रहूँगा। मेरी मोहब्बत साबित कदम रहेगी... क्या तुम भी इसका अह्द करती हो?"

शारद ने अपनी निगाहें उठा कर मुख्तार की तरफ देखा, "मेरा प्रेम सच्चा है।"

मुख्तार ने उसको सीने के साथ भींच लिया और कहा, "जिंदा रहो... सिर्फ मेरे लिए, मेरी मोहब्बत के लिए वक्फ रहो...खुदा की कसम शारदा। अगर तुम्हारा इलतिफात मुझे न मिलता तो मैं यक़ीनन खुदकुशी कर लेता... तुम मेरी आगोश में हो। मुझे ऐसा महसूस होता है कि सारी दुनिया की खुशियों से मेरी झोली भरी हुई है। मैं बहुत खुशनसीब हूँ।"

शारदा ने अपना सर मुख्तार के कंधे पर गिरा दिया, "आप बातें करना जानते हैं... मुझसे अपने दिल की बात नहीं कही जाती।"

देर तक दोनों एक दूसरे में मुदगम रहे। जब मुख्तार वहां से गया तो उसकी रूह एक नई और सुहानी लज्जत से मा'मूर थी। सारी रात वो सोचता रहा। दूसरे दिन कलकत्ते चला गया, जहां उसका बाप कारोबार करता था। आठ दिन के बाद वापस आया। शारदा हस्ब-ए-मा'मूल क्रोशिए का काम सीखने मुकर्ररा वक्त पर आई। उसकी निगाहों ने इससे कई बातें कीं, कहाँ गायब रहे इतने दिन? मुझसे कुछ न कहा और कलकत्ते चले गए?... मोहब्बत के बड़े दा'वे करते थे?... मैं नहीं बोलूंगी तुम से... मेरी तरफ क्या देखते हो, क्या कहना चाहते हो मुझसे?

मुख्तार बहुत कुछ कहना चाहता था मगर तन्हाई नहीं थी। वो काफी तवील गुफ्तगु उससे करना चाहता था। दो दिन गुजर गए, मौक़ा न मिला। निगाहों ही निगाहों में गूंगी बातें होती रहीं। आख़िर तीसरे रोज शारदा ने उसे बुलाया। मुख्तार बहुत खुश हुआ। रूप कौर और उसका खाविंद लाला कालू मल घर में नहीं थे।

शारदा सीढ़ियों में मिली। मुख्तार ने वहीं उसको अपने सीने के साथ लगाना चाहा, वो तड़प कर ऊपर चली गई। नाराज थी। मुख्तार ने उससे कहा, "देख मेरी जान, मेरे पास बैठो, मैं तुमसे बहुत जरूरी बातें करना चाहता हूँ। ऐसी बातें जिनका हमारी जिंदगी से बड़ा गहरा तअ'ल्लुक है।"

शारदा उसके पास पलंग पर बैठ गई, "तुम बात टालो नहीं... बताओ मुझे बताए बगैर कलकत्ते क्यों गए... सच मैं बहुत रोई।"

मुख्तार ने बढ़ कर उसकी आँखें चूमीं, "उस रोज मैं जब से गया तो सारी रात सोचता रहा... जो कुछ उस रोज हुआ उसके बाद ये सोच बिचार लाजिमी थी। हमारी हैसियत मियां-बीवी की थी। मैंने गलती की। तुमने कुछ न सोचा। हमने एक ही जस्त में कई मंजिलें तय कर लीं और ये गौर ही न किया कि हमें जाना किस तरफ है... समझ रही हो ना शारदा?"

शारदा ने आँखें झुका लीं, "जी हाँ।"

"मैं कलकत्ते इसलिए गया था कि अब्बा जी से मशवरा करूं। तुम्हें सुन कर खुशी होगी मैंने उनको राजी कर लिया है। मुख्तार की आँखें खुशी से चमक उठीं। शारदा के दोनों हाथ अपने हाथों में लेकर उसने कहा, "मेरे दिल का सारा बोझ हल्का हो गया है. .. मैं अब तुम से शादी कर सकता हूँ।"

शारदा ने हौले से कहा, "शादी।"

"हाँ शादी।"

शारद ने पूछा, "कैसे हो सकती है हमारी शादी?"

मुख्तार मुस्कुराया, "इसमें मुश्किल ही क्या है... तुम मुसलमान हो जाना!"

शारद एक दम चौंकी, "मुसलमान?"

मुख्तार ने बड़े इत्मिनान से कहा, "हाँ हाँ... इसके इलावा और हो ही क्या सकता है... मुझे मालूम है कि तुम्हारे घर वाले बड़ा हंगामा मचाएंगे लेकिन मैंने इसका इंतिजाम कर लिया है। हम दोनों यहां से गायब हो जाएंगे, सीधे कलकत्ते चलेंगे। बाकी काम अब्बा जी के सुपुर्द है। जिस रोज वहां पहुंचेंगे उसी रोज मौलवी बुला कर तुम्हें मुसलमान बना देंगे। शादी भी उसी वक्त हो जाएगी।"

शारदा के होंट जैसे किसी ने सी दिए। मुख्तार ने उसकी तरफ देखा, "खामोश क्यों हो गई?"

शारदा न बोली। मुख्तार को बड़ी उलझन हुई, "बताओ शारदा क्या बात है?"

शारदा ने बमुश्किल इतना कहा, "तुम हिंदू हो जाओ।"

"मैं हिंदू हो जाऊं?" मुख्तार के लहजे में हैरत थी। वो हंसा, "मैं हिंदू कैसे हो सकता हूँ?"

"मैं कैसे मुसलमान हो सकती हूँ।" शारदा की आवाज मद्धम थी।

"तुम क्यों मुसलमान नहीं हो सकतीं... मेरा मतलब है कि... तुम मुझसे मोहब्बत करती हो। इसके इलावा इस्लाम सबसे अच्छा मजहब है... हिंदू मजहब भी कोई मजहब है। गाय का पेशाब पीते हैं। बुत पूजते हैं... मेरा मतलब है कि ठीक है अपनी जगह ये मजहब भी। मगर इस्लाम का मुकाबला नहीं कर सकता।" मुख्तार के ख्यालात परेशान थे, "तुम मुसलमान हो जाओगी तो बस... मेरा मतलब है कि सब ठीक हो जाएगा।"

शारदा के चेहरे का ताँबे जैसा जर्द रंग जर्द पड़ गया, "आप हिंदू नहीं होंगे?"

मुख्तार हंसा, "पागल हो तुम?"

शारदा का रंग और जर्द पड़ गया, "आप जाईए... वो लोग आने वाले हैं।" ये कह कर वो पलंग पर से उठी।

मुख्तार मुतहय्यर हो गया, "लेकिन शारदा..."

"नहीं नहीं, जाईए आप... जल्दी जाईए... वो आजाऐंगे।" शारदा के लहजे में बेए'तिनाई की सर्दी थी।

मुख्तार ने अपने खुश्क हलक़ से बमुशकिल ये अलफाज निकाले, "हम दोनों एक दूसरे से मोहब्बत करते हैं। शारदा तुम नाराज क्यों होगई?"

"जाओ... चले जाओ... हमारा हिंदू मजहब बहुत बुरा है... तुम मुसलमान बहुत अच्छे हो।" शारदा के लहजे में नफरत थी। वो दूसरे कमरे में चली गई और दरवाजा बंद कर दिया। मुख्तार अपना इस्लाम सीने में दबाये वहां से चला गया।

बर्मी लड़की

ज्ञान की शूटिंग थी इसलिए किफायत जल्दी सो गया। फ्लैट में और कोई नहीं था, बीवी-बच्चे रावलपिंडी चले गए थे। हमसायों से उसे कोई दिलचस्पी नहीं थी। यूं भी बंबई में लोगों को अपने हमसायों से कोई सरोकार नहीं होता। किफायत ने अकेले ब्रांडी के चार पैग पिए। खाना खाया, नौकरों को रुखसत किया और दरवाजा बंद करके सो गया।

रात के पाँच बजे के करीब किफायत के खुमारआलूद कानों को धक की आवाज सुनाई दी। उसने आँखें खोलीं। नीचे बाजार में एक ट्रेन दनदनाती हुई गुजरी। चंद लम्हात के बाद दरवाजे पर बड़े जोरों की दस्तक हुई। किफायत उठा, पलंग पर उतरा तो उसके नंगे पैर टखनों तक पानी में चले गए। उसको सख्त हैरत हुई कि कमरे में इतना पानी कहाँ से आया और बाहर कोरिडोर में उससे भी ज्यादा पानी था। दरवाजे पर दस्तक जारी थी, उसने पानी के मुतअ'ल्लिक सोचना छोड़ा और दरवाजा खोला।

ज्ञान ने जोर से कहा, "ये क्या है?"

किफायत ने जवाब दिया, "पानी।"

"पानी नहीं, औरत!" ये कह कर ज्ञान नीम अंधेरे कोरिडोर में दाख़िल हुआ, उसके पीछे एक छोटे से कद की लड़की थी।

ज्ञान को फर्श पर फैले हुए पानी का कुछ एहसास न हुआ। लड़की ने पायजामा ऊपर उठा लिया और छोटे छोटे कदम उठाती ज्ञान के पीछे चली गई।

किफायत के जेहन में पहले पानी था। अब ये लड़की उसमें दाख़िल होगई और डुबकियां लगाने लगी। सबसे पहले उसने सोचा कि ये कौन है शक्ल सूरत और लिबास के ए'तबार से बर्मी मालूम होती है, लेकिन ज्ञान इसे कहाँ से ले आया?

ज्ञान अंदर कमरे में जा कर कपड़े तबदील किए बगैर पलंग पर लेटा और लेटते ही सो गया। किफायत ने उससे बात करना चाही मगर उसने सिर्फ हूँ-हाँ में जवाब दिया और आँखें न खोलीं। किफायत ने उस लड़की की तरफ एक नजर देखा जो सामने वाले पलंग पर बैठी थी और बाहर निकल गया।

बावर्चीखाने में जा कर उसे मालूम हुआ कि रबड़ का वो पाइप जो रात को बड़ा ड्रम भरा करता था बाहर निकला हुआ है। तीन बजे जब नल में पानी आया तो उसने तमाम कमरे सैराब करदिए। तीनों नौकर बाहर गली में सो रहे थे। किफायत ने उनको जगाया और पानी खारिज करने के काम पर लगा दिया। वो ख़ुद भी उनके साथ शरीक था। सब चुल्लुओं से पानी उठाते थे और बाल्टियों में डालते जाते थे। उस बर्मी लड़की ने जब उनको ये काम करते देखा तो झटपट सैंडल उतार कर उनका हाथ बटाने लगी।

उसके छोटे छोटे गोरे हाथ उंगलियों के नाखुन बढ़ाए हुए और सुर्ख़ी लगे नहीं थे। छोटे छोटे कटे हुए बाल थे जिनमें हल्की हल्की लहरें थीं। मुर्दार मौजा का मगर खुला रेशमी पाजामा पहने थी। उस पर स्याह रंग का रेशमी कुरता था जिसमें उसकी छोटी छोटी छातियां छुपी हुई थीं।

जब उसने उन लोगों का हाथ बटाना शुरू किया तो किफायत ने उसे मना किया, "आप तकलीफ न कीजिए ये काम हो जाएगा।"

उसने कोई जवाब न दिया। छोटे छोटे सुर्ख़ी लगे होंटों से मुस्कुराई और काम में लगी रही। आधे घंटे के अंदर अंदर तीनों कमरों से पानी निकल गया। किफायत ने सोचा, "चलो ये भी अच्छा हुआ इसी बहाने सारा घर धुल कर साफ हो गया।"

वो बर्मी लड़की हाथ धोने के लिए गुस्लखाने में चली गई। किफायत कमर सीधी करने के लिए बिस्तर पर लेटा, नींद पूरी नहीं हुई थी, सो गया।

तकरीबन नौ बजे वो जागा और जागते ही उसे सबसे पहले पानी का खयाल आया। फिर उसने बर्मी लड़की के मुतअ'ल्लिक सोचा जो ज्ञान के साथ आई थी। "कहीं ख्वाब तो नहीं था लेकिन ये सामने ज्ञान सो रहा है और फर्श भी धुला हुआ है।"

किफायत ने गौर से ज्ञान की तरफ देखा। वो पतलून कोट बल्कि जूते समेत औंधा सो रहा था। किफायत ने उसको जगाया, उसने एक आँख खोली और पूछा, "क्या है?"

"ये लड़की कौन है?"

ज्ञान एक दम चौंका, "लड़की... कहाँ है?" फिर फौरन ही चित लेट गया।

"ओह... बकवास न करो... ठीक है।"

किफायत ने उसे फिर जगाने की कोशिश की मगर वो खामोश सोया रहा। उसको साढ़े नौ बजे अपने काम पर जाना था, उसने जल्दी जल्दी गुस्ल किया। शेव भी गुस्लखाने के अंदर ही कर लिया। बाहर निकल कर ड्राइंगरूम में गया तो उसको मेज सजी हुई नजर आई।

सुबह नाशते पर आम तौर पर किफायत के हाँ बहुत ही मुख्तसर चीजें होती थीं। दो उबले हुए अंडे, दो तोस-मक्खन और चाय... मगर आज मेज रंगीन थी उसे गौर से देखा छिले हुए अंडे अ'जीब-ओ-गरीब अंदाज में कटे हुए थे कि फूल मालूम होते थे। सलाद था, बड़े खूबसूरत तरीक़े से प्लेट में सजा हुआ। तोसों पर भी मीनाकारी की हुई थी।

किफायत चकरा गया। बावर्चीखाने में गया तो वो बर्मी लड़की चौकी पर बैठी सामने अँगीठी रखे कुछ कह रही थी, तीनों नौकर उसके इर्द-गिर्द थे और हंस हंस कर उससे बातें कररहे थे। किफायत को देख कर वह उठ खड़े हुए। बर्मी लड़की ने आँखें घुमा कर उसकी तरफ देखा और मुस्कुरा दी।

किफायत ने उससे बात करना चाही लेकिन वो कैसे करता। उससे क्या कहता, वो उसको जानता तक नहीं था, उसने अपने एक नौकर से सिर्फ इतना पूछा, "ये नाश्ता आज किसने तैयार किया है बशीर?"

बशीर ने उस बर्मी लड़की की तरफ इशारा किया, "बाई जी ने।"

वक्त बहुत कम था। किफायत ने जल्दी बांका-सजीला नाश्ता खाया और कपड़े पहन कर अपने दफ्तर रवाना होगया। शाम को वापस आया तो वो बर्मी लड़की उसके स्लीपिंग सूट का इकलौता पाजामा पहने अपना कुरता इस्त्री कररही थी। किफायत पीछे हट गया, क्योंकि वो सिर्फ पाएजामा पहने थी।

"आ जाईए।"

लहजा बड़ा साफ सुथरा था। किफायत ने सोचा कि बर्मी लड़की की बजाय शायद कोई और बोला है। जब वो अंदर गया तो उस लड़की ने छोटे छोटे होंटों पर मुस्कुराहट पैदा करके उसको सलाम किया। किफायत की मौजूदगी में उसने कोई हिजाब महसूस न किया। बड़े सुकून से वो अपना स्याह कुरता इस्त्री करती रही। किफायत ने देखा उसकी छोटी छोटी गोल छातियों के दरमियानी हिस्से में इस्त्री की गर्मी के बाइस पसीने की नन्ही नन्ही बूंदें जमा हो गई थीं।

किफायत ने ज्ञान के बारे में पूछने के लिए बशीर को आवाज देना चाही मगर रुक गया। उसने मुनासिब खयाल न किया क्योंकि वो लड़की आधी नंगी थी। उसने हैट उतार कर एक तरफ रखा। थोड़ी देर उस नीम उर्यानी को देखा मगर कोई हैजान महसूस न किया... लड़की का बदन बेदाग था। जिल्द निहायत ही मुलाइम थी, इतनी मुलाइम कि निगाहें फिसल फिसल जाती थीं।

कुरता इस्त्री हो गया तो उसने स्विच ऑफ किया। एक कुरता और भी था सफेद बोसकी का जो तह किया हुआ इस्त्री शुदा पाइजामे पर रखा। उसने ये सब कपड़े उठाए और किफायत से मुखातिब हुई, "मैं नहाने चली हूँ।"

ये कह कर वो चली गई। किफायत टोपी उतार कर सर

खुजलाने लगा। "कौन है ये?"

उसके दिमाग में बड़ी खुदबुद हो रही थी जब वो उस लड़की के मुतअ'ल्लिक सोचता सारा वाकिया उसके सामने आ जाता। रात को उसका उठना, पानी ही पानी। उसका दरवाजा खोलना और कहना "पानी" और ज्ञान का ये जवाब देना "पानी नहीं औरत" और एक नन्ही सी गुड़िया का छम से अंदर आजाना।

किफायत ने दिल में कहा, "हटाओ जी... ज्ञान आएगा तो सब कुछ मालूम हो जाएगा... लौंडिया है दिलचस्प... इतनी छोटी है कि जी चाहता है कि आदमी जेब में रख ले... चलो ब्रांडी पियें।"

बशीर ने गिलास, ब्रांडी और बर्फ वगैरा सब कुछ मुलाक़ाती कमरे में तिपाई पर रख दिया था। किफायत ने कपड़े बदले और पीना शुरू करदी। पहला पैग ख़त्म किया तो उसे गुस्लखाने का दरवाजा खुलने की 'चूँ' सुनाई दी। दूसरा पैग डाल कर वो इंतिजार करने लगा कि थोड़ी ही देर में वो बर्मी लड़की जरूर इधर आएगी।

उसके मुकर्ररा चार पैग ख़त्म हो गए मगर वो न आई। ज्ञान भी न आया। किफायत झुँझला गया। अंदर बेडरूम में जा कर उसने देखा वो लड़की इस्त्री किए हुए कपड़े पहने अपनी गोल गोल छातियों पर हाथ रखे बड़े इत्मिनान से सो रही थी... इस्त्री वाली मेज पर उसके स्लीपिंग सूट का इकलौता पाएजामा बड़ी अच्छी तरह तह क्या हुआ रखा था।

किफायत ने वापस जा कर ब्रांडी का एक डबल पैग गिलास में डाला और नीट ही चढ़ा गया... थोड़ी देर के बाद उसका सर घूमने लगा। उसने बर्मी लड़की के मुतअ'ल्लिक सोचने की कोशिश की मगर उसने ऐसा महसूस किया कि वो चुल्लुओं में पानी भर भर के उसके दिमाग में डाल रही है। खाना खाए बग़ैर वो सोफे पर लेट गया और इस बर्मी लड़की के मुतअ'ल्लिक कुछ सोचने की कोशिश करते हुए सो गया।

सुबह हुई तो उसने देखा कि वो सोफे की बजाय अंदर अपने पलंग पर है। उसने हाफिजे पर जोर दिया, "मैं रात कब आया यहां... क्या मैंने खाना खाया था?"

किफायत को कोई जवाब न मिला। सामने वाला पलंग खाली

था। उसने जोर से बशीर को आवाज दी। वो भागा अंदर आया। किफायत ने उससे पूछा, "ज्ञान साहब कहाँ हैं?"

बशीर ने जवाब दिया, "रात को नहीं आए।"

"क्यों?"

"मालूम नहीं साहब।"

"वो बाई जी कहाँ हैं?"

"मच्छी तल रही हैं।"

किफायत के दिमाग में मछलियां तली जाने लगीं। उठ कर बा. वर्चीखाने में गया तो वो चौकी पर बैठी सामने अँगीठी रखे मच्छली तल रही थी। किफायत को देखकर उसके होंटों पर एक छोटी सी मुस्कुराहट पैदा हुई। हाथ उठा कर उसने सलाम किया और अपने काम में मशगूल हो गई... किफायत ने देखा तीनों नौकर बेहद मसरूर थे और बड़ी मुस्तइद्दी से उस लड़की का हाथ बटा रहे थे।

बशीर को कुछ दिनों की छुट्टी पर अपने वतन जाना था, कई दिनों से वो बार बार कहता था कि साहब मुझे तनख्वाह दे दीजिए, मुझे घर से कई खत आचुके हैं, वालिदा बीमार है। रात को वो उसे तनख्वाह देना भूल गया था, अब उसे याद आया तो उसने बशीर से कहा, "इधर आओ बशीर। अपनी तनख्वाह ले लो... में कल दफ्तर से रुपये ले आया था।"

बशीर ने तनख्वाह ले ली। किफायत ने उससे पूछा, "नौ बजे गाड़ी जाती है, उससे चले जाओ।"

"अच्छा जी!" ये कह कर बशीर चला गया।

नाश्ता बेहद लजीज था खासतौर पर मच्छी के टुकड़े। उसने खाना शुरू करने से पहले बशीर के जरिये से उस बर्मी लड़की को बुला भेजा मगर वो न आई। बशीर ने कहा, "जी वो कहती हैं कि बाद में करेंगी वो नाश्ता।"

किफायत की माली हालत बहुत पतली थी। ज्ञान भी आसूदा हाल नहीं था। दोनों इधर-उधर से पकड़ कर गुजारा कर रहे थे। ब्रांडी का बंदोबस्त ज्ञान करदेता था बाकी खाने-पीने का सिलसिला

भी किसी न किसी तरह चल ही रहा था। जिस फिल्म कंपनी में ज्ञान काम कर रहा था उसका दीवाला निकलने के करीब था मगर उसको यक ीन था कि कोई मोजजा जरूर रूनुमा होगा और उसकी कंपनी सँभल जाएगी। शूटिंग हो रही थी, गालिबन इसीलिए ज्ञान रात को न आसका था।

नाश्ता करने के बाद किफायत ने झांक कर बावर्चीखाने में देखा। लड़की अपने काम में मशगूल थी। तीनों मुलाजिम लड़के उससे हंस हंस कर बातें कर रहे थे। किफायत ने बशीर से कहा, "मछली बहुत अच्छी थी।"

लड़की ने मुड़ कर देखा, उसके होंटों पर छोटी सी मुस्कुराहट थी।

किफायत दफ्तर चला गया, उसको उम्मीद थी कि कुछ रूपों का बंदोबस्त हो जाएगा लेकिन खाली जेब वापस आया। बर्मी लड़की अंदर बेडरूम में लेटी तस्वीरों वाला रिसाला देख रही थी। किफायत को देख कर बैठ गई और सलाम किया।

किफायत ने सलाम का जवाब दिया और उससे पूछा, "ज्ञान साहब आए थे?"

"आए थे दोपहर को... खाना खा कर चले गए... फिर शाम को आए चंद मिनटों के लिए।" ये कह कर उसने एक तरफ हट कर तकिया उठाया और कागज में लिपटी हुई बोतल निकाली, "ये दे गए थे कि मैं आपको दे दूं।"

मैंने बोतल पकड़ी। कागज पर ज्ञान के ये चंद अलफाज थे, "कमबख्त ये चीज किसी न किसी तरह मिल जाती है लेकिन पैसा नहीं मिलता... बहरहाल ऐ'श करो... तुम्हारा ज्ञान।"

उसने कागज खोला, ब्रांडी की बोतल थी। बर्मी लड़की ने किफायत की तरफ देखा और मुस्कुराई। किफायत भी मुस्कुरा दिया, "आप पीती हैं?"

लड़की ने जोर से अपना सर हिलाया, "नहीं!"

किफायत ने नजर भर कर उसको देखा और सोचा, "क्या छोटी सी नन्ही मुन्नी गुड़िया है!"

उसका जी चाहा कि वो उसके साथ बैठ कर बातें करे, चुनांचे

उससे मुखातिब हुआ, "आईए, इधर दूसरे कमरे में बैठते हैं।"

"नहीं... मैं कपड़े धोऊँगी।"

"इस वक्त?"

"इस वक्त अच्छा होता है... रात धोए, सुबह सूख गए। उठते ही इस्त्री कर लिये।"

किफायत थोड़ी देर खड़ा रहा, उसे कोई बात न सूझी तो मुला. काती कमरे में बैठ कर ब्रांडी पीना शुरू करदी। खाने का वक्त होगया। उसने बर्मी लड़की को बुलाया मगर उसने कहा "मैं ज्ञान साहब के साथ खाऊंगी।"

किफायत ने खाना खाया और अपने पलंग पर सो गया। रात के तक़रीबन एक बजे उसकी आँख खुली चांदनी रात थी। हल्की हल्की रोशनी कमरे में फैली हुई थी। हवा भी बड़े मजे की चल रही थी। करवट बदली तो देखा सामने पलंग पर एक छोटी सी सुडौल गुड़िया ज्ञान के चौड़े बालों भरे सीने के साथ चिमटी हुई है। किफायत ने आँखें बंद करलीं। थोड़े वकफे के बाद ज्ञान की आवाज आई, "जाओ अब मुझे सोने दो... कपड़े पहन लो।"

स्प्रिंगों वाले पलंग की आवाज के साथ साथ रेशम की सरस. राहटें किफायत के कानों में दाख़िल हुईं... थोड़ी देर के बाद किफायत सो गया। सुबह छः बजे उठा, क्योंकि वो रात को ये सोच कर सोया था कि सुबह जल्दी उठेगा। उसे ट्राम का बहुत लंबा सफर तय करके एक आदमी के पास जाना था जिससे उसे कुछ मिलने की उम्मीद थी। पलंग पर से उतरा तो उसने देखा कि बर्मी नंगे फर्श पर उसके स्लीपिंग सूट का इकलौता पाएजामा पहने अपने छोटे से सुडौल बाजू को सर के नीचे रखे बड़े सुकून से सो रही है। किफायत ने उसको जगाया। उसने अपनी काली काली आँखें खोलीं। किफायत ने उससे कहा, "आप यहां क्यों लेटी हैं?"

उसके छोटे छोटे होंटों पर नन्ही सी मुस्कुराहट पैदा हुई। उठ कर उसने जवाब दिया, "ज्ञान को आदत नहीं किसी को अपने साथ सुलाने की।"

किफायत को ज्ञान की इस आदत का इल्म था। उसने लड़की

से कहा, "जाईए मेरे पलंग पर लेट जाईए।"

लड़की उठी और किफायत के पलंग पर लेट गई।

किफायत गुस्लखाने में गया, वहां रस्सी पर बर्मी लड़की के कपड़े लटक रहे थे। किफायत साबुन मल कर नहाने लगा तो उसका खयाल उस लड़की के मुलाइम जिस्म की तरफ चला गया जिसपर से निगाहें फिसल फिसल जाती थीं।

गुस्ल से फारिग हो कर किफायत ने कपड़े पहने, चूँकि जल्दी में था इसलिए ज्ञान को जगा कर उस से कोई बात न कर सका। सुबह का निकला रात के ग्यारह बजे वापस आया। जेबें खाली थीं। बेडरूम में गया तो ज्ञान और बर्मी लड़की दोनों इकट्ठे लेटे हुए थे। किफायत ने मुलाकाती कमरे में बैठ कर ब्रांडी पीनी शुरू करदी, बहुत थका हुआ था। मायूस वापस आया था। बर्मी लड़की के मुतअ'ल्लिक सोचते सोचते वहीं सोफे पर सो गया। सुबह पाँच बजे उठा। तिपाई पर उसका चौथा पैग पानी में पड़ा बासी हो रहा था।

किफायत उठा, बेडरूम के नंगे फर्श पर बर्मी लड़की सो रही थी। ज्ञान अलमारी के आईने के साथ खड़ा टाई बांध रहा था। टाई की गिरह ठीक करके उसने दोनों हाथों में लड़की को उठाया और अपने पलंग पर लिटा दिया। मुड़ा तो उसने किफायत को देखा, "क्यों भई। कुछ बंदोबस्त हुआ रूपों का?"

किफायत ने बड़ी मायूसी से कहा, "नहीं।"

"तो मैं जाता हूँ... देखो शायद कुछ हो जाये।"

पेशतर इसके कि किफायत उसे रोके, ज्ञान तेजी से बाहर निकल गया। दरवाजा खुला तो उसकी आवाज आई, "तुम भी कोशिश करना किफायत।"

किफायत ने पलट कर पलंग की तरफ देखा। लड़की बड़े सुकून के साथ सो रही थी। उसके नन्हे से सीने पर छोटी छोटी गोल छातियां चमक रही थीं। किफायत कमरे से निकल कर गुस्लखाने में चला गया। अंदर रस्सी पर लड़की के धुले हुए कपड़े लटक रहे थे।

गुस्लखाने से फारिग हो कर बाहर निकला तो उसने देखा कि लड़की नौकरों के साथ नाश्ता तैयार करने में मसरूफ थी। नाश्ता

करके बाहर निकल गया।

चार रोज इसी तरह गुजर गए। किफायत को उस लड़की के मुतअ'ल्लिक कुछ मालूम न हो सका। ज्ञान कभी रात को देर से आता था। कभी दिन को बहुत जल्दी निकल जाता था। यही हाल किफायत का था। दोनों परेशान थे। पांचवें रोज जब वो सुबह उठा तो बशीर ने किफायत को ज्ञान का रुक्का दिया। उसमें लिखा था, "खुदा के लिए किसी न किसी तरह दस रुपये पैदा करके बर्मी लड़की को दे दो।"

लड़की खड़ी इस्त्री कररही थी। ब्लाउज की सिर्फ एक आस्तीन बाकी रह गई थी जिस पर वो बड़े सलीके से इस्त्री फेर रही थी। किफायत ने उसकी तरफ देखा, जब उसकी निगाहें चार हुईं तो लड़की मुस्कुरा दी। किफायत सोचने लगा कि वो दस रुपये कहाँ से पैदा करे। बशीर पास खड़ा था। उसने किफायत से कहा, "साहब, इधर आईए।"

किफायत ने पूछा, "क्या बात है?"

"जी कुछ कहना है।"

बशीर ने एक तरफ हट कर दस रुपये का नोट निकाला और किफायत को दे दिया, "मैं नहीं गया अभी तक, साहब।"

किफायत नोट लेकर सोचने लगा, "नहीं नहीं... तुम रखो... लेकिन तुम गए क्यों नहीं अभी तक!"

"साहब चला जाऊंगा कल-परसों... आप रखिए ये रुपये।"

किफायत ने नोट जेब में डाल लिया, "अच्छा मैं शाम को लौटा दूंगा तुम्हें?"

कपड़े-वपड़े पहन कर जब बर्मी लड़की नाश्ता कर चुकी तो किफायत ने उसको दस रुपये का नोट दिया और कहा, "ज्ञान साहब ने दिया था कि आपको देदूं।"

लड़की ने नोट ले लिया और बशीर को आवाज दी। बशीर आया तो उससे कहा, "जाओ टैक्सी ले आओ।"

बशीर चला गया तो किफायत ने उससे पूछा, "आप जा रही हैं?"

"जी हाँ!"

ये कह कर वो उठी और बेडरूम में चली गई। वो अपना रूमाल इस्त्री करना भूल गई थी। किफायत ने उससे बातें करने का इरादा किया तो टैक्सी आ गई। रूमाल हाथ में लेकर वो रवाना होने लगी। किफायत को सलाम किया और कहा, "अच्छा जी... मैं चलती हूँ। ज्ञान को मेरा सलाम बोल देना।"

फिर उसने तीनों नौकरों से हाथ मिलाया और चली गई। सबके चेहरों पर उदासी छा गई।

पौने घंटे के बाद ज्ञान आया। वो कुछ लेकर आया था। आते ही उसने किफायत से पूछा, "कहाँ है वो बर्मी लड़की?"

"चली गई।"

"कैसे? दस रुपये दिए थे तुमने उसे?"

"हाँ।"

"तो ठीक है... ठीक है!" ज्ञान कुर्सी पर बैठ गया।

किफायत ने पूछा, "कौन थी ये लड़की?"

"मालूम नहीं।"

किफायत सर-ता-पा हैरत बन गया, "क्या मतलब?"

ज्ञान ने जवाब दिया, "मतलब ये कि मैं नहीं जानता कौन थी?"

"झूट!"

"तुम्हारी क़सम सच कहता हूँ।"

किफायत ने पूछा, "कहाँ से मिल गई तुम्हें?"

ज्ञान ने टांगें मेज पर रख दीं और मुस्कुराया, "अजीब दास्तान है यार... पानी का सैलाब आने वाली रात मैं शंकर के हाँ चला गया। वहां बहुत पी... अंधेरी स्टेशन से गाड़ी में सवार हुआ तो सो गया। गाड़ी मुझे सीधी चर्चगेट ले गई। वहां मुझे चौकीदार ने जगाया कि उठो, मैंने कहा भई मुझे ग्रांट रोड जाना है। चौकीदार हंसा, आप पाँच स्टेशन आगे चले आए हैं। उतरा दूसरा प्लेटफार्म पर अंधेरी जाने वाली आखिरी गाड़ी खड़ी थी। उसमें सवार होगया। गाड़ी चली तो फिर मुझे नींद आगई। सीधी अंधेरी पहुंच गया।"

किफायत ने पूछा, "मगर इससे लड़की का क्या तअ'ल्लुक?"

"तुम सुन तो लो", ज्ञान ने सिगरेट सुलगाया, "अंधेरी पहुंचा या'नी जब मेरी आँख खुली तो क्या देखता हूँ, मैं एक छोटी सी लौंडिया के साथ चिमटा हूँ। पहले तो में डरा, वो जाग रही थी। मैंने पूछा, कौन हो तुम? वो मुस्कुराई, मैंने फिर पूछा, कौन हो भई तुम?

वो मुस्कुराई और कहने लगी लो इतनी देर से मुझे चूमते रहे और अब पूछते हो, मैं कौन हूँ? मैंने हैरत से कहा, अच्छा... वो हँसने लगी, मैंने दिमाग पर जोर देकर सोचना मुनासिब खयाल न किया और उसको अपने साथ भींच लिया। सुबह तीन बजे तक हम दोनों प्लेटफार्म की एक बेंच पर सोए रहे। साढ़े तीन की पहली गाड़ी आई तो उस में सवार होगए। मेरा इरादा था कि बंदोबस्त करके उसको कुछ रुपये दूंगा। यहां पहुंचे तो पानी का तूफान आया हुआ था... है न दिलचस्प दास्तान।"

किफायत ने कहा, "ख़ासी दिलचस्प है... मगर वो इतने दिन क्यों रही यहां?"

ज्ञान ने सिगरेट फर्श पर फेंका, "वो कहाँ रही... मैंने उसे रखा। असल में वो यूं रही कि मेरे पास कुछ था ही नहीं जो उसे देता। बस दिन गुजरते थे, मैं बेहद शर्मिंदा था। कल रात मैंने उससे साफ कह दिया कि देखो भई, दिन बढ़ते जा रहे हैं। तुम ऐसा करो मुझे अपना एड्रेस दे दो, मैं तुम्हारा हक वहां पहुंचा दूंगा। आजकल मेरा हाल बहुत पतला है।"

किफायत ने पूछा, "ये सुन कर उसने क्या कहा?"

ज्ञान ने सर को जुंबिश दी, "अ'जीब ही लड़की थी... कहने लगी, ये क्या कहते हो... मैंने तुमसे कब मांगा है, लेकिन दस रुपये मुझे दे देना। मेरा घर यहां से बहुत दूर है, टैक्सी में जाऊंगी। मेरे पास एक भी पैसा नहीं।"

किफायत ने सवाल किया, "नाम क्या था उसका?"

ज्ञान सोचने लगा।

"भूल गए?"

ज्ञान ने अपनी टांगें मेज पर से हटाईं, "नहीं यार... मैंने उससे नाम नहीं पूछा, हद हो गई।" ये कह कर वो हँसने लगा।

बादशाहत का खात्मा

टेलीफोन की घंटी बजी, मनमोहन पास ही बैठा था। उसने रिसीवर उठाया और कहा, "हेलो... फोर फोर फोर फाईव सेवन..."

दूसरी तरफ से पतली सी निस्वानी आवाज आई, "सोरी... रोंग नंबर।" मनमोहन ने रिसीवर रख दिया और किताब पढ़ने में मशगूल हो गया।

ये किताब वो तकरीबन बीस मर्तबा पढ़ चुका था। इसलिए नहीं कि उसमें कोई खास बात थी। दफ्तर में जो वीरान पड़ा था। एक सिर्फ यही किताब थी जिसके आखिरी औराक कृम खूर्दा थे।

एक हफ्ते से दफ्तर मनमोहन की तहवील में था क्योंकि उसका मालिक जो कि उसका दोस्त था, कुछ रुपया कर्ज लेने के लिए कहीं बाहर गया हुआ था। मनमोहन के पास चूंकि रहने के लिए कोई जगह नहीं थी। इसलिए फुटपाथ से आरिजी तौर पर वो इस दफ्तर में मुंतकिल हो गया था और इस एक हफ्ते में वो दफ्तर की इकलौती किताब तक़रीबन बीस मर्तबा पढ़ चुका था।

दफ्तर में वो अकेला पड़ा रहता। नौकरी से उसे नफरत थी। अगर वो चाहता तो किसी भी फिल्म कंपनी में बतौर फिल्म डाय. रेक्टर के मुलाजिम हो सकता था मगर वो गुलामी नहीं चाहता था। निहायत ही बेजरर और मुख़लिस आदमी था। इसलिए दोस्त यार उसके रोजाना अख़राजात का बंदोबस्त कर देते थे। ये अख़राजात बहुत ही कम थे। सुबह को चाय की प्याली और दो तोस। दोपहर को दो फुल्के और थोड़ा सा सालन, सारे दिन में एक पैकेट सिगरेट और बस!

मनमोहन का कोई अजीज या रिश्तेदार नहीं था। बेहद खामोशी पसंद था, जफाकश था। कई कई दिन फाके से रह सकता था। उसके मुतअल्लिक उसके दोस्त और तो कुछ नहीं लेकिन इतना जानते थे कि वो बचपन ही से घर छोड़ छाड़ के निकल आया था और एक मुद्दत से बंबई के फुटपाथों पर आबाद था। जिंदगी में सिर्फ उसको एक चीज की हसरत थी औरत की मोहब्बत की। "अगर मुझे किसी औरत की मोहब्बत मिल गई तो मेरी सारी जिंदगी बदल जाएगी।"

दोस्त उससे कहते, "तुम काम फिर भी न करोगे।"

मनमोहन आह भर कर जवाब देता, "काम?... मैं मुजस्सम काम बन जाऊंगा।"

दोस्त उससे कहते, "तो शुरू कर दो किसी से इश्क़।"

मनमोहन जवाब देता, "नहीं... मैं ऐसे इश्क़ का काइल नहीं जो मर्द की तरफ से शुरू हो।"

दोपहर के खाने का वक्त करीब आरहा था। मनमोहन ने सामने दीवार पर क्लाक की तरफ देखा। टेलीफोन की घंटी बजना शुरू हुई। उसने रिसीवर उठाया और कहा, हेलो... फोर फोर फोर फाईव सेवन।"

दूसरी तरफ से पतली सी आवाज आई, "फोर फोर फोर फाईव सेवन?"

मनमोहन ने जवाब दिया, "जी हाँ!"

निस्वानी आवाज ने पूछा, "आप कौन हैं?"

"मनमोहन!... फरमाईए!"

दूसरी तरफ से आवाज आई तो मनमोहन ने कहा, "फरमाईए किस से बात करना चाहती हैं आप?"

आवाज ने जवाब दिया, "आप से!"

मनमोहन ने जरा हैरत से पूछा, "मुझ से?"

"जी हाँ... आपसे क्या आपको कोई एतराज है।"

मनमोहन सटपटा सा गया, "जी... जी नहीं!"

आवाज मुस्कुराई, "आपने अपना नाम मदनमोहन बताया था।"

"जी नहीं... मनमोहन।"

"मनमोहन?"

चंद लम्हात खामोशी में गुजर गए तो मनमोहन ने कहा, "आप बातें करना चाहती थीं मुझ से?"

आवाज आई, "जी हाँ।"

"तो कीजिए!"

थोड़े वकफे के बाद आवाज आई, "समझ में नहीं आता क्या बात करूं... आप ही शुरू कीजिए न कोई बात।"

"बहुत बेहतर," ये कह कर मनमोहन ने थोड़ी देर सोचा, "नाम अपना बता चुका हूँ। आरिजी तौर पर ठिकाना मेरा ये दफ्तर है. .. पहले फुटपाथ पर सोता था। अब एक हफ्ता से इस दफ्तर के बड़े मेज पर सोता हूँ।"

आवाज मुस्कुराई, "फुटपाथ पर आप मसहरी लगा कर सोते थे?"

मनमोहन हंसा, "इससे पहले कि मैं आपसे मजीद गुफ्तगु करूं। मैं ये बात वाजेह कर देना चाहता हूँ कि मैंने कभी झूट नहीं बोला। फुटपाथों पर सोते मुझे एक जमाना हो गया है, ये दफ्तर तक़रीबन एक हफ्ते से मेरे कब्जे में है। आजकल ऐश कर रहा हूँ।"

आवाज मुस्कुराई, "कैसे ऐश?"

मनमोहन ने जवाब दिया, "एक किताब मिल गई थी यहां से. .. आखिरी औराक गुम हैं लेकिन मैं इसे बीस मर्तबा पढ़ चुका हूँ... सालिम किताब कभी हाथ लगी तो मालूम होगा हीरो-हीरोइन के इश्क़ का अंजाम क्या हुआ?"

आवाज हंसी, "आप बड़े दिलचस्प आदमी हैं।"

मनमोहन ने तकल्लुफ से कहा, "आप की जर्रा नवाजी है।"

आवाज ने थोड़े तवक्कुफ के बाद पूछा, "आप का शग्ल क्या है?"

"शगल?"

"मेरा मतलब है आप करते क्या हैं?"

"क्या करता हूँ... कुछ भी नहीं। एक बेकार इंसान क्या कर सकता है। सार दिन आवारागर्दी करता हूँ, रात को सो जाता हूँ।"

आवाज ने पूछा, "ये जिंदगी आपको अच्छी लगती है।"

मनमोहन सोचने लगा, "ठहरिए... बात दरअसल ये है कि मैंने इस पर कभी गौर ही नहीं किया। अब आपने पूछा है तो मैं अपने आप से पूछ रहा हूँ कि ये जिंदगी तुम्हें अच्छी लगती है या नहीं?"

"कोई जवाब मिला?"

थोड़े वक्फे के बाद मनमोहन ने जवाब दिया, "जी नहीं... लेकिन मेरा ख्याल है कि ऐसी जिंदगी मुझे अच्छी लगती ही होगी। जब कि एक अर्से से बसर कर रहा हूँ।"

आवाज हंसी। मनमोहन ने कहा, "आप की हंसी बड़ी मुतरन्निम है।"

आवाज शर्मा गई, "शुक्रिया!" और सिलसिल-ए-गुफ्तुगू मुनक़ते कर दिया।

मनमोहन थोड़ी देर रिसीवर हाथ में लिए खड़ा रहा। फिर मुस्व. ुरा कर उसे रख दिया और दफ्तर बंद करके चला गया।

दूसरे रोज सुबह आठ बजे जबकि मनमोहन दफ्तर के बड़े मेज पर सो रहा था, टेलीफोन की घंटी बजना शुरू हुई। जमाईयाँ लेते हुए उसने रिसीवर उठाया और कहा,"हलो, फोर फोर फोर फाईव सेवन।"

दूसरी तरफ से आवाज आई, "आदाब अर्ज मनमोहन साहब!"

"आदाब अर्ज!" मनमोहन एक दम चौंका, "ओह, आप... आदाब अर्ज।"

"तस्लीमात!"

आवाज आई, "आप गालिबन सो रहे थे?"

"जी हाँ, यहां आकर मेरी आदात कुछ बिगड़ रही हैं। वापस फुटपाथ पर गया तो बड़ी मुसीबत हो जाएगी।"

आवाज मुस्कुराई, "क्यों?"

"वहां सुबह पाँच बजे से पहले पहले उठना पड़ता है।"

आवाज हंसी, मनमोहन ने पूछा, "कल आप ने एक दम टेलीफोन बंद कर दिया।"

आवाज शर्माई, "आप ने मेरी हंसी की तारीफ क्यों की थी।"

मनमोहन ने कहा, "लो साहब, ये भी अजीब बात कही आप ने... कोई चीज जो ख़ूबसूरत हो तो उसकी तारीफ नहीं करनी चाहिए?"

"बिल्कुल नहीं!"

"ये शर्त आप मुझ पर आइद नहीं कर सकतीं... मैंने आज तक कोई शर्त अपने ऊपर आइद नहीं होने दी। आप हंसेंगी तो मैं जरूर तारीफ करूंगा।"

"मैं टेलीफोन बंद कर दूँगी।"

"बड़े शौक़ से।"

"आपको मेरी नाराजगी का कोई खयाल नहीं।"

"मैं सबसे पहले अपने आपको नाराज नहीं करना चाहता... अगर मैं आपकी हंसी की तारीफ न करूं तो मेरा जौक मुझ से नाराज हो जाएगा... ये जौक मुझे बहुत अजीज है!"

थोड़ी देर खामोशी रही। उसके बाद दूसरी तरफ से आवाज आई, "माफ कीजिएगा, मैं मुलाजिमा से कुछ कह रही थी... आपका जौक आपको बहुत अजीज है... हाँ ये तो बताईए आपको शौक़ किस चीज का है?"

"क्या मतलब?"

"यानी... कोई शग्ल... कोई काम... मेरा मतलब है, आपको आता क्या है?"

मनमोहन हंसा, "कोई काम नहीं आता... फोटोग्राफी का थोड़ा सा शौक़ है।"

"ये बहुत अच्छा शौक़ है।"

"इसकी अच्छाई या बुराई का मैंने कभी नहीं सोचा।"

आवाज ने पूछा, "कैमरा तो आपके पास बहुत अच्छा होगा?"

मनमोहन हंसा, "मेरे पास अपना कोई कैमरा नहीं। दोस्त से मांग

कर शौक़ पूरा कर लेता हूँ। अगर मैंने कभी कुछ कमाया तो एक कैमरा मेरी नजर में है, वो खरीदूंगा।"

आवाज ने पूछा, "कौन सा कैमरा?"

मनमोहन ने जवाब दिया, "एग्जक्टा, रेफलेक्स कैमरा है। मुझे बहुत पसंद है।"

थोड़ी देर खामोशी रही। उसके बाद आवाज आई, "मैं कुछ सोच रही थी।"

"क्या?"

"आपने मेरा नाम पूछा न टेलीफोन नंबर दरयाफ्त किया।"

"मुझे इसकी जरूरत ही महसूस नहीं हुई?"

"क्यों?"

"नाम आपका कुछ भी हो, क्या फर्क़ पड़ता है... आपको मेरा नंबर मालूम है बस ठीक है... आप अगर चाहेंगी तो मैं आपको टेलीफोन करूं तो नाम और नंबर बता दीजिएगा।"

"मैं नहीं बताऊंगी।"

"लो साहब, ये भी खूब रहा... मैं जब आप से पूछूंगा ही नहीं तो बताने न बताने का सवाल ही कहाँ पैदा होता है।"

आवाज मुस्कुराई, "आप अजीब-ओ-गरीब आदमी हैं।"

मनमोहन मुस्कुरा दिया, "जी हाँ, कुछ ऐसा ही आदमी हूँ।"

चंद सेकंड खामोशी रही, "आप फिर सोचने लगीं।"

"जी हाँ, कोई और बात इस वक्त सूझ नहीं रही थी।"

"तो टेलीफोन बंद कर दीजिए... फिर सही।"

आवाज किसी कदर तीखी होगई, "आप बहुत रूखे आदमी हैं. .. टेलीफोन बंद कर दीजिए। लीजिए में बंद करती हूँ।"

मनमोहन ने रिसीवर रख दिया और मुस्कराने लगा।

आधे घंटे के बाद जब मनमोहन हाथ धो कर कपड़े पहन कर बाहर निकलने के लिए तैयार हुआ तो टेलीफोन की घंटी बजी।

उसने रिसीवर उठाया और कहा, "फोर फोर फोर फाईव सेवन!"

आवाज आई, "मिस्टर मनमोहन?"

मनमोहन ने जवाब दिया, "जी हाँ मनमोहन, इरशाद?"

आवाज मुस्कुराई, "इरशाद ये है कि मेरी नाराजगी दूर हो गई है।"

मनमोहन ने बड़ी शगुफ्तगी से कहा, "मुझे बड़ी ख़ुशी हुई है।"

"नाश्ता करते हुए मुझे खयाल आया कि आपके साथ बिगाड़नी नहीं चाहिए... हाँ आपने नाश्ता कर लिया।"

"जी नहीं बाहर निकलने ही वाला था कि आपने टेलीफोन किया।"

"ओह... तो आप जाईए।"

"जी नहीं, मुझे कोई जल्दी नहीं, मेरे पास आज पैसे नहीं हैं। इसलिए मेरा खयाल है कि आज नाश्ता नहीं होगा।"

"आपकी बातें सुन कर... आप ऐसी बातें क्यों करते हैं... मेरा मतलब है ऐसी बातें आप इसलिए करते हैं कि आपको दुख होता है?"

मनमोहन ने एक लम्हा सोचा, "जी नहीं... मेरा अगर कोई दुख दर्द है तो मैं उसका आदी हो चुका हूँ।"

आवाज ने पूछा, "मैं कुछ रुपये आपको भेज दूं?"

मनमोहन ने जवाब दिया, "भेज दीजिए। मेरे फेनान्सरों में एक आपका भी इजाफा हो जाएगा!"

"नहीं मैं नहीं भेजूंगी!"

"आपकी मर्जी!"

"मैं टेलीफोन बंद करती हूँ।"

"बेहतर।"

मनमोहन ने रिसीवर रख दिया और मुस्कुराता हुआ दफ्तर से निकल गया। रात को दस बजे के करीब वापस आया और कपड़े बदल कर मेज पर लेट कर सोचने लगा कि ये कौन है जो उसे

फोन करती है, आवाज से सिर्फ इतना पता चलता था कि जवान है। हंसी बहुत ही मुतरन्निम थी। गुफ्तगु से ये साफ जाहिर है कि तालीम याफ्ता और मोहज्जब है। बहुत देर तक वो उसके मुतअ. ल्लिक सोचता रहा। इधर क्लाक ने ग्यारह बजाये उधर टेलीफोन की घंटी बजी।

मनमोहन ने रिसीवर उठाया, "हलो।"

दूसरी तरफ से वही आवाज आई, "मिस्टर मनमोहन।"

"जी हाँ... मनमोहन... इरशाद।"

"इरशाद ये है कि मैंने आज दिन में कई मर्तबा रिंग किया। आप कहाँ गायब थे?"

"साहब बेकार हूँ, लेकिन फिर भी काम पर जाता हूँ।"

"किस काम पर?"

"आवारागर्दी।"

"वापस कब आए?"

"दस बजे।"

"अब क्या कर रहे थे?"

"मेज पर लेटा आपकी आवाज से आपकी तस्वीर बना रहा था।"

"बनी?"

"जी नहीं।"

"बनाने की कोशिश न कीजिए... मैं बड़ी बदसूरत हूँ।"

"माफ कीजिएगा, अगर आप वाक़ई बदसूरत हैं तो टेलीफोन बंद कर दीजिए, बदसूरती से मुझे नफरत है।"

आवाज मुस्कुराई, "ऐसा है तो चलिए मैं ख़ूबसूरत हूँ, मैं आपके दिल में नफरत नहीं पैदा करना चाहती।"

थोड़ी देर खामोशी रही। मनमोहन ने पूछा, "कुछ सोचने लगीं?"

आवाज चौंकी, "जी नहीं... मैं आप से पूछने वाली थी कि..."

"सोच लीजिए अच्छी तरह।"

आवाज हंस पड़ी, "आपको गाना सुनाऊं?"

"जरूर।"

"ठहरिए।"

गला साफ करने की आवाज आई। फिर गालिब की ये गजल शुरू हुई, "नुक्ता चीं है गम-ए-दिल..."

सहगल वाली नई धुन थी। आवाज में दर्द और खुलूस था। जब गजल ख़त्म हुई तो मनमोहन ने दाद दी, "बहुत खूब... जिंदा रहो।"

आवाज शर्मा गई, "शुक्रिया..." और टेलीफोन बंद कर दिया।

दफ्तर के बड़े मेज पर मनमोहन के दिल-ओ-दिमाग में सारी रात गालिब की गजल गूंजती रही। सुबह जल्दी उठा और टेलीफोन का इंतिजार करने लगे। तक़रीबन ढाई घंटे कुर्सी पर बैठा रहा मगर टेलीफोन की घंटी न बजी। जब मायूस हो गया तो एक अजीब सी तल्ख़ी उसने अपने हलक़ में महसूस की, उठ कर टहलने लगा। उसके बाद मेज पर लेट गया और कुढ़ने लगा। वही किताब जिसको वो मुतअद्दिद मर्तबा पढ़ चुका था उठाई और वर्क गर्दानी शुरू करदी। यूंही लेटे लेटे शाम होगई। तक़रीबन सात बजे टेलीफोन की घंटी बजी। मनमोहन ने रिसीवर उठाया और तेजी से पूछा, "कौन है?"

वही आवाज आई, "मैं!"

मनमोहन का लहजा तेज रहा, "इतनी देर तुम कहाँ थीं?"

आवाज लरजी, "क्यों?"

"मैं सुबह से यहां झक मार रहा हूँ... नाश्ता किया है न दोपहर का खाना खाया है हालाँकि मेरे पास पैसे मौजूद थे।"

आवाज आई, "मेरी जब मर्जी होगी टेलीफोन करूंगी... आप..."

मनमोहन ने बात काट कर कहा, "देखो जी ये सिलसिला बंद करो। टेलीफोन करना है तो एक वक्त मुक़र्रर करो। मुझसे इंतिजार बर्दाश्त नहीं होता।

आवाज मुस्कुराई, "आज की माफी चाहती हूँ। कल से बाक.ायदा सुबह और शाम फोन आया करेगा आपको।

"ये ठीक है!"

आवाज हंसी, "मुझे मालूम नहीं था आप इस कदर बिगड़े दिल हैं।"

मनमोहन मुस्कुराया, "माफ करना। इंतिजार से मुझे बहुत कोफ्त होती है और जब मुझे किसी बात से कोफ्त होती है तो अपने आपको सजा देना शुरू कर देता हूँ।"

"वो कैसे?"

"सुबह तुम्हारा टेलीफोन न आया... चाहिए तो ये था कि मैं चला जाता... लेकिन बैठा दिन भर अंदर ही अंदर कुढ़ता रहा। बचपना है साफ।"

आवाज हमदर्दी में डूब गई, "काश मुझसे ये गलती न होती... मैंने कसदन सुबह टेलीफोन न किया!"

"क्यों?"

"ये मालूम करने के लिए आप इंतिजार करेंगे या नहीं?"

मनमोहन हंसा, "बहुत शरीर हो तुम... अच्छा अब टेलीफोन बंद करो। मैं खाना खाने जा रहा हूँ।"

"बेहतर, कब तक लौटियेगा?"

"आधे घंटे तक।"

मनमोहन आधे घंटे के बाद खाना खा कर लौटा तो उसने फोन किया। देर तक दोनों बातें करते रहे। उसके बाद उसने गालिब की एक गजल सुनाई। मनमोहन ने दिल से दाद दी। फिर टेलीफोन का सिलसिला मुनक़ता हो गया।

अब हर रोज सुबह और शाम मनमोहन को उसका टेलीफोन आता। घंटी की आवाज सुनते ही वो टेलीफोन की तरफ लपकता। बाज़ औक़ात घंटों बातें जारी रहतीं। इस दौरान में मनमोहन ने उससे टेलीफोन का नंबर पूछा न उसका नाम। शुरू शुरू में उसने उसकी आवाज की मदद से तखय्युल के पर्दे पर उसकी तस्वीर खींचने की कोशिश की थी। मगर अब वो जैसे आवाज ही से मुतमइन होगया था। आवाज ही शक्ल थी, आवाज ही सूरत थी। आवाज ही जिस्म था, आवाज ही रूह थी।

एक दिन उसने पूछा, "मोहन, तुम मेरा नाम क्यों नहीं पूछते?"

मनमोहन ने मुस्कुरा कर कहा, "तुम्हारा नाम तुम्हारी आवाज है।"

"जो कि बहुत मुतरन्निम है।"

"इसमें क्या शक है?"

एक दिन वो बड़ा टेढ़ा सवाल कर बैठी, "मोहन तुमने कभी किसी लड़की से मोहब्बत की है?"

मनमोहन ने जवाब दिया, "नहीं।"

"क्यों?"

मोहन एक दम उदास होगया, "इस क्यों का जवाब चंद लफ्जों में नहीं दे सकता। मुझे अपनी जिंदगी का सारा मलबा उठाना पड़ेगा... अगर कोई जवाब न मिले तो बड़ी कोफ्त होगी।"

"जाने दीजिए।"

टेलीफोन का रिश्ता क़ायम हुए तक़रीबन एक महीना होगया। बिला नागा दिन में दो मर्तबा उसका फोन आता। मनमोहन को अपने दोस्त का खत आया कि कर्ज़े का बंदोबस्त होगया है। सात-आठ रोज में वो बंबई पहुंचने वाला है। मनमोहन ये खत पढ़ कर अफ्सुर्दा हो गया। उसका टेलीफोन आया तो मनमोहन ने उससे कहा, मेरी दफ्तर की बादशाही अब चंद दिनों की मेहमान है।

उसने पूछा, "क्यों?"

मनमोहन ने जवाब दिया, "कर्ज़े का बंदोबस्त होगया है... दफ्तर आबाद होने वाला है।"

"तुम्हारे किसी और दोस्त के घर में टेलीफोन नहीं।"

"कई दोस्त हैं जिनके टेलीफोन हैं, मगर मैं तुम्हें उनका नंबर नहीं दे सकता।"

"क्यों?"

"मैं नहीं चाहता तुम्हारी आवाज कोई और सुने।"

"वजह?"

"मैं बहुत हासिद हूँ।"

वो मुस्कुराई, "ये तो बड़ी मुसीबत हुई।"

"क्या किया जाये?"

आखिरी दिन जब तुम्हारी बादशाहत ख़त्म होने वाली होगी, मैं तुम्हें अपना नंबर दूंगी।"

"ये ठीक है!"

मनमोहन की सारी अफ्सुर्दगी दूर होगई। वो उस दिन का इं. तिजार करने लगा कि दफ्तर में उसकी बादशाहत ख़त्म हो। अब फिर उसने उसकी आवाज की मदद से अपने तखय्युल के पर्दे पर उसकी तस्वीर खींचने की कोशिश शुरू की। कई तस्वीरें बनीं मगर वो मुत्मइन न हुआ। उसने सोचा चंद दिनों की बात है। उसने टेलीफोन नंबर बता दिया तो वो उसे देख भी सकेगा। इसका खयाल आते ही उसका दिल-ओ-दिमाग सुन्न हो जाता, "मेरी जिंदगी का वो लम्हा कितना बड़ा लम्हा होगा जब मैं उसको देखूंगा।"

दूसरे रोज जब उसका टेलीफोन आया तो मनमोहन ने उससे कहा, "तुम्हें देखने का इश्तियाक पैदा हो गया है।"

"क्यों?"

"तुम ने कहा था कि आखिरी दिन जब यहां मेरी बादशाहत ख़त्म होने वाली होगी तो तुम मुझे अपना नंबर बता दोगी।"

"कहा था।"

"इसका ये मतलब है तुम मुझे अपना एड्रेस दे दोगी... मैं तुम्हें देख सकूँगा।"

"तुम मुझे जब चाहो देख सकते हो... आज ही देख लो।"

"नहीं नहीं..." फिर कुछ सोच कर कहा, "मैं जरा अच्छे लि. बास में तुम से मिलना चाहता हूँ... आज ही एक दोस्त से कह रहा हूँ, वो मुझे सूट दिलवा देगा।"

वो हंस पड़ी, "बिल्कुल बच्चे हो तुम... सुनो। जब तुम मुझसे मिलोगे तो मैं तुम्हें एक तोहफा दूंगी।"

मनमोहन ने जज्बाती अंदाज में कहा, "तुम्हारी मुलाकात से बढ़ कर और क्या तोहफा हो सकता है?"

"मैंने तुम्हारे लिए एग्जेक्टा कैमरा खरीद लिया है।"

"ओह!"

"इस शर्त पर दूंगी कि पहले मेरा फोटो उतारो।"

मनमोहन मुस्कुराया, "इस शर्त का फैसला मुलाकात पर करूंग. ा।"

थोड़ी देर और गुफ्तगु हुई उसके बाद उधर से वो बोली, "मैं कल और परसों तुम्हें टेलीफोन नहीं कर सकूंगी।"

मनमोहन ने तशवीश भरे लहजे में पूछा, "क्यों?"

"मैं अपने अजीजों के साथ कहीं बाहर जा रही हूँ। सिर्फ दो दिन गैर हाजिर रहूंगी। मुझे माफ कर देना।"

ये सुनने के बाद मनमोहन सारा दिन दफ्तर ही में रहा। दूसरे दिन सुबह उठा तो उसने हरारत महसूस की। सोचा कि ये इजमेह्लाल शायद इसलिए है कि उसका टेलीफोन नहीं आएगा लेकिन दोपहर तक हरारत तेज हो गई। बदन तपने लगा। आँखों से शरारे फूटने लगे। मनमोहन मेज पर लेट गया। प्यास बार बार सताती थी। उठता और नल से मुँह लगा कर पानी पीता। शाम के करीब उसे अपने सीने पर बोझ महसूस होने लगा। दूसरे रोज वो बिल्कुल निढाल था। सांस बड़ी दिक्क़त से आता था। सीने की दुखन बहुत बढ़ गई थी।

कई बार उस पर हिजयानी कैफियत तारी हुई। बुखार की शिद्दत में वो घंटों टेलीफोन पर अपनी महबूब आवाज के साथ बातें करता रहा। शाम को उसकी हालत बहुत ज्यादा बिगड़ गई। धुंदलाई हुई आँखों से उसने क्लाक की तरफ देखा, उसके कानों में अजीब-ओ-गरीब आवाजें गूंज रही थीं। जैसे हजारहा टेलीफोन बोल रहे हैं, सीने में घुंघरू बज रहे थे। चारों तरफ आवाजें ही आवाजें थीं। चुनांचे जब टेलीफोन की घंटी बजी तो उसके कानों तक उसकी आवाज न पहुंची। बहुत देर तक घंटी बजती रही। एक दम मनमोहन चौंका। उसके कान अब सुन रहे थे। लड़खड़ाता हुआ उठा और टेलीफोन तक गया। दीवार का सहारा ले कर उसने काँपते हुए हाथों से रिसीवर उठाया और खुश्क होंटों पर लड़की जैसी जबान फेर कर कहा, "हलो।"

दूसरी तरफ से वो लड़की बोली, "हलो... मोहन?"

मनमोहन की आवाज लड़खड़ाई, "हाँ मोहन!"

"जरा ऊंची बोलो..."

मनमोहन ने कुछ कहना चाहा, मगर वो उसके हलक़ ही में खुश्क हो गया।

आवाज आई, "मैं जल्दी आगई... बड़ी देर से तुम्हें रिंग कर रही हूँ... कहाँ थे तुम?"

मनमोहन का सर घूमने लगा।

आवाज आई क्या हो गया है, "तुम्हें?"

मनमोहन ने बड़ी मुश्किल से इतना कहा, "मेरी बादशाहत ख़त्म हो गई है आज।"

उसके मुँह से खून निकला और एक पतली लकीर की सूरत में गर्दन तक दौड़ता चला गया।

आवाज आई, "मेरा नंबर नोट करलो... फाइव नॉट थ्री वन फोर, फाइव नॉट थ्री वन फोर... सुबह फोन करना।" ये कह कर उसने रिसीवर रख दिया। मनमोहन औंधे मुँह टेलीफोन पर गिरा... उसके मुँह से खून के बुलबुले फूटने लगे।

खोल दो

अमृतसर से स्शपेशल ट्रेन दोपहर दो बजे को चली और आठ घंटों के बाद मुगलपुरा पहुंची। रास्ते में कई आदमी मारे गए। मुतअद्दिद जख्मी हुए और कुछ इधर उधर भटक गए।

सुबह दस बजे कैंप की ठंडी जमीन पर जब सिराजुद्दीन ने आँखें खोलीं और अपने चारों तरफ मर्दों, औरतों और बच्चों का एक मुतलातिम समुंदर देखा तो उसकी सोचने समझने की कुव्वतें और भी जईफ हो गईं। वो देर तक गदले आसमान को टकटकी बांधे देखता रहा। यूं तो केंप में हर तरफ शोर बरपा था। लेकिन बूढ़े सिराजुद्दीन के कान जैसे बंद थे। उसे कुछ सुनाई नहीं देता था। कोई उसे देखता तो ये ख्याल करता कि वो किसी गहरी फिक्र में गर्क है मगर ऐसा नहीं था। उसके होश-ओ-हवास शल थे। उसका सारा वजूद ख्ला में मुअल्लक था।

गदले आसमान की तरफ बगैर किसी इरादे के देखते देखते सिराजुद्दीन की निगाहें सूरज से टकराईं। तेज रोशनी उसके वजूद के रग-ओ-रेशे में उतर गई और वो जाग उठा। ऊपर तले उसके दिमाग पर कई तस्वीरें दौड़ गईं। लूट, आग... भागम भाग... स्टेशन... गोलियां... रात और सकीना... सिराजुद्दीन एकदम उठ खड़ा हुआ और पागलों की तरह उसने अपने चारों तरफ फैले हुए इंसानों के समुंदर को खंगालना शुरू किया।

पूरे तीन घंटे वो सकीना सकीना पुकारता केंप में खाक छानता रहा। मगर उसे अपनी जवान इकलौती बेटी का कोई पता न मिला।

चारों तरफ एक धांदली सी मची थी। कोई अपना बच्चा ढूंढ रहा था, कोई माँ। कोई बीवी और कोई बेटी। सिराजुद्दीन थक हार कर एक तरफ बैठ गया और हाफिजे पर जोर दे कर सोचने लगा कि सकीना उससे कब और कहाँ जुदा हुई। लेकिन सोचते सोचते उसका दिमाग सकीना की माँ की लाश पर जम जाता जिसकी सारी अंतड़ियां बाहर निकली हुई थीं। इससे आगे वो और कुछ न सोच सकता।

सकीना की माँ मर चुकी थी। उसने सिराजुद्दीन की आँखों के सामने दम तोड़ा था। लेकिन सकीना कहाँ थी जिसके मुतअल्लिक उसकी माँ ने मरते हुए कहा था, मुझे छोड़ो और सकीना को लेकर जल्दी यहां से भाग जाओ।

सकीना उसके साथ ही थी। दोनों नंगे पांव भाग रहे थे। सकीना का दुपट्टा गिर पड़ा था। उसे उठाने के लिए उसने रुकना चाहा था मगर सकीना ने चिल्ला कर कहा था, अब्बा जी... छोड़िए। लेकिन उसने दुपट्टा उठा लिया था... ये सोचते-सोचते उसने अपने कोट की उभरी हुई जेब की तरफ देखा और उसमें हाथ डाल कर एक कपड़ा निकाला... सकीना का वही दुपट्टा था... लेकिन सकीना कहाँ थी?

सिराजुद्दीन ने अपने थके हुए दिमाग पर बहुत जोर दिया मगर वो किसी नतीजे पर न पहुंच सका। क्या वो सकीना को अपने साथ स्टेशन तक ले आया था? क्या वो उसके साथ ही गाड़ी में सवार थी? रास्ते में जब गाड़ी रोकी गई थी और बलवाई अंदर घुस आए थे तो क्या वो बेहोश होगया था जो वो सकीना को उठा करले गए?

सिराजुद्दीन के दिमाग में सवाल ही सवाल थे, जवाब कोई भी नहीं था। उसको हमदर्दी की जरूरत थी। लेकिन चारों तरफ जितने भी इंसान फैले हुए थे सबको हमदर्दी की जरूरत थी। सिराजुद्दीन ने रोना चाहा मगर आँखों ने उसकी मदद न की। आँसू जाने कहाँ गायब हो गए थे।

छः रोज के बाद जब होश-ओ-हवास किसी कदर दुरुस्त हुए तो सिराजुद्दीन उन लोगों से मिला जो उसकी मदद करने के लिए तैयार थे। आठ नौजवान थे, जिनके पास लारी थी, बंदूकें थीं। सिराजुद्दीन ने उनको लाख लाख दुआएं दीं और सकीना का हुलिया बताया, "गोरा रंग है और बहुत ही ख़ूबसूरत है... मुझ पर नहीं अपनी माँ पर थी... उम्र सत्रह बरस के करीब है... आँखें बड़ी बड़ी... बाल स्याह, दाहिने गाल पर मोटा सा तिल... मेरी इकलौती लड़की है। ढूंढ लाओ, तुम्हारा ख़ूदा भला करेगा।"

रजाकार नौजवानों ने बड़े जज्बे के साथ बूढ़े सिराजुद्दीन को यक़ीन दिलाया कि अगर उसकी बेटी जिंदा हुई तो चंद ही दिनों में उसके पास होगी।

आठों नौजवान ने कोशिश की। जान हथेलियों पर रख कर वो अमृतसर गए। कई औरतों, कई मर्दों और कई बच्चों को निकाल निकाल कर उन्होंने महफूज मुकामों पर पहुंचाया। दस रोज गुजर गए मगर उन्हें सकीना कहीं न मिली।

एक रोज वो उसी खिदमत के लिए लारी पर अमृतसर जा रहे थे कि छः हरटा के पास सड़क पर उन्हें एक लड़की दिखाई दी। लारी की आवाज सुन कर वह बिदकी और भागना शुरू कर दिया। रजाकारों ने मोटर रोकी और सबके सब उसके पीछे भागे। एक खेत में उन्होंने लड़की को पकड़ लिया। देखा तो बहुत ख़ूबसूरत थी। दाहिने गाल पर मोटा तिल था। एक लड़के ने उससे कहा, "घबराओ नहीं... क्या तुम्हारा नाम सकीना है?"

लड़की का रंग और भी जर्द होगया। उसने कोई जवाब न दिया, लेकिन जब तमाम लड़कों ने उसे दम दिलासा दिया तो उसकी वहशत दूर हुई और उसने मान लिया कि वो सिराजुद्दीन की बेटी सकीना है।

आठ रजाकार नौजवानों ने हर तरह सकीना की दिलजोई की। उसे खाना खिलाया, दूध पिलाया और लारी में बिठा दिया। एक ने

अपना कोट उतार कर उसे दे दिया क्योंकि दुपट्टा न होने के बाइस वो बहुत उलझन महसूस कर रही थी और बार बार बाँहों से अपने सीने को ढाँकने की नाकाम कोशिश में मसरूफ थी।

कई दिन गुजर गए... सिराजुद्दीन को सकीना की कोई खबर न मिली। वो दिन भर मुख्तलिफ केम्पों और दफ्तरों के चक्कर काटता रहता। लेकिन कहीं से भी उसकी बेटी का पता न चला। रात को वो बहुत देर तक उन रजाकार नौजवानों की कामयाबी के लिए दुआएं मांगता रहता। जिन्होंने उसको यक़ीन दिलाया था कि अगर सकीना जिंदा हुई तो चंद दिनों ही में वो उसे ढूंढ निकालेंगे।

एक रोज सिराजुद्दीन ने केंप में उन नौजवान रजाकारों को देखा, लारी में बैठे थे। सिराजुद्दीन भागा भागा उनके पास गया। लारी चलने ही वाली थी कि उसने पूछा, "बेटा, मेरी सकीना का पता चला?"

सब ने यक जबान हो कर कहा, "चल जाएगा, चल जाएगा।" और लारी चला दी।

सिराजुद्दीन ने एक बार फिर उन नौजवानों की कामयाबी के लिए दुआ मांगी और उसका जी किसी कदर हल्का होगया।

शाम के करीब केंप में जहां सिराजुद्दीन बैठा था। उसके पास ही कुछ गड़बड़ सी हुई। चार आदमी कुछ उठा कर ला रहे थे। उसने दरयाफ्त किया तो मालूम हुआ कि एक लड़की रेलवे लाइन के पास बेहोश पड़ी थी। लोग उसे उठा कर लाए हैं। सिराजुद्दीन उनके पीछे पीछे हो लिया। लोगों ने लड़की को हस्पताल वालों के सुपुर्द किया और चले गए। कुछ देर वो ऐसे ही हस्पताल के बाहर गढ़े हुए लकड़ी के खंबे के साथ लग कर खड़ा रहा। फिर आहिस्ता आहिस्ता अन्दर चला गया। कमरे में कोई भी नहीं था। एक स्ट्रेचर था जिस पर एक लाश पड़ी थी। सिराजुद्दीन छोटे छोटे कदम उठाता उसकी तरफ बढ़ा। कमरे में दफअतन रोशनी हुई। सिराजुद्दीन ने लाश के जर्द चेहरे पर चमकता हुआ तिल देखा और

चिल्लाया, "सकीना!"

डाक्टर ने जिसने कमरे में रोशनी की थी सिराजुद्दीन से पूछा, "क्या है?"

सिराजुद्दीन के हलक़ से सिर्फ इस कदर निकल सका, "जी मैं... जी मैं... इसका बाप हूँ!"

डाक्टर ने स्ट्रेचर पर पड़ी हुई लाश की तरफ देखा। उसकी नब्ज टटोली और सिराजुद्दीन से कहा, "खिड़की खोल दो।"

सकीना के मुर्दा जिस्म में जुंबिश पैदा हुई। बेजान हाथों से उसने इजारबंद खोला और शलवार नीचे सरका दी। बूढ़ा सिराजुद्दीन ख़ूशी से चिल्लाया, "जिंदा है... मेरी बेटी जिंदा है..." डाक्टर सर से पैर तक पसीने में गर्क़ हो गया।

औरत जात

महाराजा ग से रेस कोर्स पर अशोक की मुलाकात हुई। इसके बाद दोनों बेतकल्लुफ दोस्त बन गए।

महाराजा ग को रेस के घोड़े पालने का शौक ही नहीं खब्त था। उसके अस्तबल में अच्छी से अच्छी नस्ल का घोड़ा मौजूद था और महल में जिसके गुंबद रेस कोर्स से साफ दिखाई देते थे। तरह तरह के अजाइब मौजूद थे।

अशोक जब पहली बार महल में गया तो महाराजा ग ने कई घंटे सर्फ करके उसको अपने तमाम नवादिर दिखाए। ये चीजें जमा करने में महाराजा को सारी दुनिया का दौरा करना पड़ा था। हर मुल्क का कोना कोना छानना पड़ा था। अशोक बहुत मुतअस्सिर हुआ। चुनांचे उसने नौजवान महाराजा ग के जौक-ए-इंतिखाब की खूब दाद दी।

एक दिन अशोक घोड़ों के टप लेने के लिए महाराजा के पास गया तो वो डार्क रुम में फिल्म देख रहा था। उसने अशोक को वहीं बुलवा लिया। स्केटन मिलीमीटर फिल्म थे जहाँ महाराजा ने खुद अपने केमरे से लिए थे। जब प्रोजेक्टर चला तो पिछली रेस पूरी की पूरी पर्दे से दौड़ गई। महाराजा का घोड़ा इस रेस में वन आया था।

इस फिल्म के बाद महाराजा ने अशोक की फर्माइश पर और कई फिल्म दिखाए। स्विटजरलैंड, पैरिस, न्यूयार्क, होनो लूलू, हवाई, वादी-ए-कश्मीर... अशोक बहुत महजूज हुआ ये फिल्म कुदरती

रंगों में थे।

अशोक के पास भी स्केटन मिलीमीटर केमरा और प्रोजैक्टर था। मगर उसके पास फिल्मों का इतना जखीरा नहीं था। दरअसल उसको इतनी फुर्सत ही नहीं मिलती थी कि अपना ये शौक़ जी भर के पूरा करसके।

महाराजा जब कुछ फिल्म दिखा चुका तो उसने केमरे में रोशनी की और बड़ी बेतकल्लुफी से अशोक की रान पर धप्पा मार कर कहा,"और सुनाओ दोस्त।"

अशोक ने सिगरेट सुलगाया, "मजा आगया फिल्म देख कर।"

"और दिखाऊँ।"

"नहीं नहीं।"

"नहीं भई, एक जरूर देखो... मजा आजाएगा तुम्हें," ये कह कर महाराजा ग ने एक सन्दूकचा खोल कर एक रील निकाली और प्रोजैक्टर पर चढ़ा दी, "जरा इत्मिनान से देखना।"

अशोक ने पूछा, "क्या मतलब?"

महाराजा ने कमरे की लाईट ऑफ कर दी, "मतलब ये कि हर चीज गौर से देखना, ये कह कर उसने प्रोजैक्टर का स्विच दबा दिया।

पर्दे पर चंद लम्हात सिर्फ सफेद रोशनी थरथराती रही, फिर एक दम तस्वीरें शुरू होगईं। एक अलिफ नंगी औरत सोफे पर लेटी थी। दूसरी सिंगार मेज के पास खड़ी अपने बाल संवार रही थी।

अशोक कुछ देर खामोश बैठा देखता रहा... इसके बाद एक दम उसके हलक़ से अजीब-ओ-गरीब आवाज निकली। महाराजा ने हंस कर उससे पूछा, "क्या हुआ?"

अशोक के हलक़ से आवाज फंस फंस कर बाहर निकली,

"बंद करो यार, बंद करो।"

"क्या बंद करो?"

अशोक उठने लगा, महाराजा ग ने उसे पकड़ कर बिठा दिया, "ये फिल्म तुम्हें पूरे का पूरा देखना पड़ेगा।"

फिल्म चलता रहा। पर्दे पर ब्रहनगी मुँह खोले नाचती रही। मर्द और औरत का जिन्सी रिश्ता मादरजाद उर्यानी के साथ थिरकता रहा। अशोक ने सारा वक्त बेचौनी में काटा। जब फिल्म बंद हुआ और पर्दे पर सिर्फ सफेद रोशनी थी तो अशोक को ऐसा महसूस हुआ कि जो कुछ उसने देखा था। प्रोजैक्टर की बजाय उसकी आँखें फेंक रही हैं।

महाराजा ग ने कमरे की लाईट ऑन की और अशोक की तरफ देखा और एक जोर का कहकहा लगाया, "क्या होगया है तुम्हें?"

अशोक कुछ सिकुड़ सा गया था। एक दम रोशनी के बाइस उसकी आँखें भींची हुई थीं। माथे पर पसीने के मोटे मोटे क़तरे थे। महाराजा ग ने जोर से उसकी रान पर धप्पा मारा। और इस कदर बेतहाशा हंसा कि उसकी आँखों में आँसू आगए। अशोक सोफे पर से उठा। रूमाल निकाल कर अपने माथे का पसीना पोंछा, "कुछ नहीं यार।"

"कुछ नहीं क्या... मजा नहीं आया।"

अशोक का हलक़ सूखा हुआ था। थूक निगल कर उसने कहा, "कहाँ से लाए ये फिल्म?"

महाराजा ने सोफे पर लेटते हुए जवाब दिया, "पैरिस से... पेरी. .. पेरी!"

अशोक ने सर को झटका सा दिया, "कुछ समझ में नहीं आता।"

"क्या?"

"ये लोग... मेरा मतलब है केमरे के सामने ये लोग केसे..."

"यही तो कमाल है... है कि नहीं?"

"है तो सही।" ये कह कर अशोक ने रूमाल से अपनी आँखें साफ कीं, "सारी तस्वीरें जैसे मेरी आँखों में फंस गई हैं।"

महाराजा ग उठा, "मैंने एक दफा चंद लेडीज को ये फिल्म दिखाया"

अशोक चिल्लाया, "लेडीज को?"

"हाँ हाँ... बड़े मजे ले ले कर देखा उन्होंने।"

"गलत।"

महाराजा ने बड़ी संजीदगी के साथ कहा, "सच कहता हूँ... एक दफा देख कर दूसरी दफा फिर देखा। भींचती, चिल्लाती और हंसती रहीं।"

अशोक ने अपने सर को झटका सा दिया, "हद होगई है... मैं तो समझता था वो... बेहोश होगई होंगी।"

"मेरा भी यही खयाल था, लेकिन उन्होंने खूब लुत्फ उठाया।"

अशोक ने पूछा, "क्या यूरोपियन थीं?"

महाराजा ग ने कहा, "नहीं भाई... अपने देस की थीं... मुझसे कई बार ये फिल्म और प्रोजैक्टर मांग कर ले गई... मालूम नहीं कितनी सहेलियों को दिखा चुकी हैं।"

"मैंने कहा..." अशोक कुछ कहते कहते रुक गया।

"क्या?"

"एक दो रोज के लिए ये फिल्म दे सकते हो मुझे?"

"हाँ हाँ, ले जाओ!" ये कह कर महाराजा ने अशोक की पसलियों में ठोंका दिया, "साले किसको दिखाएगा।"

"दोस्तों को।"

"दिखा, जिसको भी तेरी मर्जी!" ये कह कर महाराजा ग ने

प्रोजैक्टर में से फिल्म का स्पूल निकाला। उसको दूसरे स्पूल चढ़ा दिया और डिब्बा अशोक के हवाले कर दिया, "ले पकड़... ऐश कर!"

अशोक ने डिब्बा हाथ में ले लिया तो उसके बदन में झुरझरी सी दौड़ गई। घोड़ों के टप लेना भूल गया और चंद मिनट इधर उधर की बातें करने के बाद चला गया।

घर से प्रोजैक्टर ले जा कर उसने कई दोस्तों को फिल्म दिखाया। तक़रीबन सबके लिए इंसानियत की ये उर्यानी बिल्कुल नई चीज थी। अशोक ने हर एक का रद्द-ए-अमल नोट किया। बाश्ज ने खफीफ सी घबराहट और फिल्म का एक एक इंच गौर से देखा।

बा'ज ने थोड़ा सा देख कर आँखें बंद करलीं। बाश्ज आँखें खुली रखने के बावजूद फिल्म को तमाम-ओ-कमाल तौर पर न देख सके। एक बर्दाश्त न कर सका और उठ कर चला गया।

तीन-चार रोज के बाद अशोक को फिल्म लौटाने का खयाल आया तो उसने सोचा क्यों न अपनी बीवी को दिखाऊँ चुनांचे वो प्रोजैक्टर अपने घर ले गया। रात हुई तो उसने अपनी बीवी को बुलाया। दरवाजे बंद किए। प्रोजैक्टर का कनेक्शन वगैरा ठीक किया। फिल्म निकाला, उसको फिट किया, कमरे की बत्ती बुझाई और फिल्म चला दिया।

पर्दे पर चंद लम्हात सफेद रोशनी थरथराई। फिर तस्वीरें शुरू हुई। अशोक की बीवी जोर से चीखी, तड़पी, उछली। उसके मुँह से अजीब-ओ-गरीब आवाज निकलीं। अशोक ने उसे पकड़ कर बिठाना चाहा तो उसने आँखों पर हाथ रख लिए और चीख़ना शुरू कर दिया, "बंद करो... बंद करो।"

अशोक ने हंस कर कहा, "अरे भई देख लो... शरमाती क्यों हो?"

"नहीं नहीं," ये कह कर उसने हाथ छुड़ा कर भागना चाहा।

अशोक ने उसको जोर से पकड़ लिया। वो हाथ जो उसकी

आँखों पर था, एक तरफ खींचा। इस खींचातानी में दफअतन अशोक की बीवी ने रोना शुरू कर दिया। अशोक के ब्रेक से लग गई। उसने तो महज तफरीह की खातिर अपनी बीवी को फिल्म दिखाया था।

रोती और बड़बड़ाती उसकी बीवी दरवाजा खोल कर बाहर निकल गई। अशोक चंद लम्हात बिल्कुल खालीउज्जहन बैठा नंगी तस्वीरें देखता रहा। जो हैवानी हरकात में मशगूल थीं। फिर एक दम उसने मुआमले की नजाकत को महसूस किया।

इस एहसास ने उसे खजालत के समुंदर में गर्क़ कर दिया। उसने सोचा मुझसे बहुत ही नाजेबा हरकत सरजद हुई, लेकिन हैरत है कि मुझे इसका खयाल तक न आया... दोस्तों को दिखाया था। ठीक था, घर में और किसी को नहीं, अपनी बीवी... अपनी बीवी को... उसके माथे पर पसीना आगया।

फिल्म चल रहा था। मादरजाद ब्रहनगी मुख्तलिफ आसन इख्तियार करती दौड़ रही थी। अशोक ने उठ कर स्विच ऑफ कर दिया... पर्दे पर सब कुछ बुझ गया। मगर उसने अपनी निगाहें दूसरी तरफ फेर लीं।

उसका दिल-ओ-दिमाग शर्मसारी में डूबा हुआ था। ये एहसास उसको चुभ रहा था कि उससे एक निहायत ही नाजेबा... निहायत ही वाहियात हरकत सरजद हुई। उसने यहां तक सोचा कि वो केसे अपनी बीवी से आँख मिला सकेगा।

कमरे में घुप अंधेरा था। एक सिगरेट सुलगा कर उसने एहसा. स-ए-नदामत को मुख्तलिफ खयालों के जरिये से दूर करने की कोशिश की मगर कामयाब न हुआ। थोड़ी देर दिमाग में इधर उधर हाथ मारता रहा। जब चारों तरफ से सरजनिश हुई तो जच-बच होगया और एक अजीब सी ख्वाहिश उसके दिल में पैदा हुई कि जिस तरह कमरे में अंधेरा है उसी तरह उसके दिमाग पर भी अंधेरा छा जाये।

बार बार उसे ये चीज सता रही थी, "ऐसी वाहियात हरकत और

मुझे खयाल तक न आया।"

फिर वो सोचता, बात अगर सास तक पहुंच गई... सालियों को पता चल गया। मेरे मुतअल्लिक क्या राय क़ायम करेंगे ये लोग कि ऐसे गिरे हुए अखलाक का आदमी निकला... ऐसी गंदी जेहनियत कि अपनी बीवी को...

तंग आकर अशोक ने सिगरेट सुलगाया। वो नंगी तस्वीरें जो वो कई बार देख चुका था उसकी आँखों के सामने नाचने लगीं... उन. के अकब में उसे अपनी बीवी का चेहरा नजर आता। हैरान-ओ-प. रेशान, जिसने जिंदगी में पहली बार उफूनत का इतना बड़ा ढेर देखा हो। सर झटक कर अशोक उठा और कमरे में टहलने लगा। मगर इससे भी उसका इज्तिराब दूर न हुआ।

थोड़ी देर के बाद वो दबे पांव कमरे से बाहर निकला। साथ वाले कमरे में झांक कर देखा। उसकी बीवी मुँह सर लपेट कर लेटी हुई थी। काफी देर खड़ा सोचता रहा कि अंदर जा कर मुना. सिब-ओ-मौजूं अल्फाज में उससे माफी मांगे, मगर खुद में इतनी जुर्रत पैदा न कर सका। दबे पांव लौटा और अंधेरे कमरे में सोफे पर लेट गया। देर तक जागता रहा, आख़िर सो गया।

सुबह सवेरे उठा। रात का वाकेआ उसके जेहन में ताजा होगया। अशोक ने बीवी से मिलना मुनासिब न समझा और नाश्ता किए बगैर निकल गया।

ऑफिस में उसने दिल लगा कर कोई काम न किया। ये एहसास उसके दिल-ओ-दिमाग के साथ चिपक कर रह गया था, "ऐसी वाहियात हरकत और मुझे खयाल तक न आया।"

कई बार उसने घर बीवी को टेलीफोन करने का इरादा किया मगर हर बार नंबर के आधे हिन्दसे घुमा कर रीसिवर रख दिया। दोपहर को घर से जब उसका खाना आया तो उसने नौकर से पूछा, "मेमसाहब ने खाना खालिया?"

नौकर ने जवाब दिया, "जी नहीं... वो कहीं बाहर गए हैं।"

"कहाँ?"

"मालूम नहीं साहब!"

"कब गए थे?"

"ग्यारह बजे।"

अशोक का दिल धड़कने लगा। भूक गायब होगई, दो-चार निवाले खाए और हाथ उठा लिया। उसके दिमाग में हलचल मच गई थी। तरह तरह के खयालात पैदा हो रहे थे... ग्यारह बजे... अभी तक लौटी नहीं... गई कहाँ है... माँ के पास? क्या वो उसे सब कुछ बता देगी? जरूर बताएगी। माँ से बेटी सब कुछ कह सकती है... हो सकता है बहनों के पास गई हो... सुनेंगी तो क्या कहेंगी? दोनों मेरी कितनी इज्जत करती थीं, जाने बात कहाँ से कहाँ पहुंचेगी... ऐसी वाहियात हरकत और मुझे खयाल तक न आया...

अशोक ऑफिस से बाहर निकल गया। मोटर ली और इधर उधर आवारा चक्कर लगाता रहा। जब कुछ समझ में न आया तो उसने मोटर का रुख़ घर की तरफ फेर दिया, "देखा जाएगा जो कुछ होगा।"

घर के पास पहुंचा तो उसका दिल जोर-जोर से धड़कने लगा। जब लिफ्ट एक धचके के साथ ऊपर उठी तो उसका दिल उछल कर उसके मुँह में आगया।

लिफ्ट तीसरी मंजिल पर रुकी। कुछ देर सोच कर उसने दरवाजा खोला। अपने फ्लैट के पास पहुंचा तो उसके कदम रुक गए। उसने सोचा कि लौट जाये, मगर फ्लैट का दरवाजा खुला और उसका नौकर बीड़ी पीने के लिए बाहर निकला। अशोक को देख कर उसने बीड़ी हाथ में छुपाई और सलाम किया। अशोक को अंदर दाख़िल होना पड़ा।

नौकर पीछे पीछे आरहा था। अशोक ने पलट कर उससे पूछा, "मेमसाहब कहाँ हैं?"

नौकर ने जवाब दिया, "अंदर कमरे में?"

"और कौन है?"

"उनकी बहनें साहब... कोलाबे वाले साहब की मेमसाहब और वो पार्टी बाइयाँ!"

ये सुन कर अशोक बड़े कमरे की तरफ बढ़ा। दरवाजा बंद था। उसने धक्का दिया। अंदर से अशोक की बीवी की पतली मगर तेज आवाज आई, "कौन है?"

नौकर बोला, "साहब।"

अंदर कमरे में एक दम गड़बड़ शुरू होगई। चीखें बुलंद हु. ई, दरवाजों की चटखनियाँ खुलने की आवाजें आईं। खट-खट, फट-फट हुई। अशोक कोरीडोर से होता पिछले दरवाजे से कमरे में दाख़िल हुआ तो उसने देखा कि प्रोजैक्टर चल रहा और पर्दे पर दिन की रोशनी में धुँदली धुँदली इंसानी शक्लें एक नफरतअंगेज मकानिकी यक आहंगी के साथ हैवानी हरकात में मशगूल हैं।

अशोक बेतहाशा हँसने लगा।

बू

बरसात के यही दिन थे। खिड़की के बाहर पीपल के पत्ते इसी तरह नहा रहे थे। सागवान के इस स्प्रिंगदार पलंग पर जो अब खिड़की के पास से थोड़ा इधर सरका दिया गया था एक घाटन लौंडिया रणधीर के साथ चिपटी हुई थी।

खिड़की के पास बाहर पीपल के नहाए हुए पत्ते रात के दूधिया अंधेरे में झूमरों की तरह थरथरा रहे थे और शाम के वक्त जब दिन भर एक अंग्रेजी अख़बार की सारी ख़बरें और इश्तिहार पढ़ने के बाद कुछ सुनाने के लिए वो बालकनी में आ खड़ा हुआ था तो उसने उस घाटन लड़की को जो साथ वाले रस्सियों के कारख़ाने में काम करती थी और बारिश से बचने के लिए इमली के पेड़ के नीचे खड़ी थी, खांस खांस कर अपनी तरफ मुतवज्जा कर लिया था और उसके बाद हाथ के इशारे से ऊपर बुला लिया था।

वो कई दिन से शदीद किस्म की तन्हाई से उकता गया था। जंग के बाइस बंबई की तक़रीबन तमाम क्रिस्चियन छोकरियाँ जो सस्ते दामों मिल जाया करती थीं औरतों की अंग्रेजी फौज में भर्ती होगई थीं, उनमें से कई एक ने फोर्ट के इलाके में डांस स्कूल खोल लिए थे जहां सिर्फ फौजी गोरों को जाने की इजाजत थी... रणधीर बहुत उदास होगया था।

उसकी अना का सबब तो ये था कि क्रिस्चियन छोकरियां नायाब होगई थीं और दूसरा ये कि फौजी गोरों के मुकाबले में

कहीं ज्यादा मुहज्जब, तालीमयाफ्ता और ख़ूबसूरत नौजवान उस पर फोर्ट के लगभग तमाम क्लबों के दरवाजे बंद करदिए थे। उसकी चमड़ी सफेद नहीं थी।

जंग से पहले रणधीर नागपाड़ा और ताजमहल होटल की कई मशहूर-ओ-मारूफ क्रिस्चियन लड़कियों से जिस्मानी तअल्लुकात क़ायम कर चुका था। उसे बख़ूबी इल्म था कि इस किस्म के तअल्लुकात की क्रिस्चियन लड़कों के मुकाबले में कहीं ज्यादा मालूमात रखता था जिनसे ये छोकरियां आम तौर पर रोमांस लड़ाती हैं और बाद में किसी बेवक़ूफ से शादी कर लेती हैं।

रणधीर ने बस यूं ही हैजल से बदला लेने की खातिर उस घाटन लड़की को इशारे पर बुलाया था। हैजल उसके फ्लैट के नीचे रहती थी और हर रोज सुबह वर्दी पहन कर कटे हुए बालों पर खाकी रंग की टोपी तिर्छे जाविए से जमा कर बाहर निकलती थी और लड़कपन से चलती थी जैसे फुटपाथ पर चलने वाले सभी लोग टाट की तरह उसके रास्ते में बिछे चले जाऐंगे।

रणधीर सोचता था कि आख़िर क्यों वो इन क्रिस्चियन छोकरियों की तरफ इतना ज्यादा माइल है। इसमें कोई शक नहीं कि वो अपने जिस्म की तमाम दिखाई जा सकने वाली अश्या की नुमाइश करती हैं। किसी क़िस्म की झिजक महसूस किए बगैर अपने कारनामों का जिक्र कर देती हैं। अपने बीते पुराने रोमांसों का हाल सुना देती हैं... ये सब ठीक है लेकिन किसी दूसरी लड़की में भी तो ये खासियतें हो सकती हैं।

रणधीर ने जब घाटन लड़की को इशारे से ऊपर बुलाया तो उसे किसी तरह भी इस बात का यक़ीन नहीं था कि वो उसे अपने साथ सुला लेगा लेकिन थोड़ी ही देर के बाद उसने उसके भीगे हुए कपड़े देख कर ये सोचा था कि कहीं ऐसा न हो कि बेचारी को निमोनिया हो जाये तो रणधीर ने उससे कहा था, "ये कपड़े उतार दो। सर्दी लग जाएगी।"

वो रणधीर की इस बात का मतलब समझ गई थी क्योंकि उसकी आँखों में शर्म के लाल डोरे तैर गए थे लेकिन बाद में जब रणधीर ने उसे अपनी धोती निकाल कर दी तो उसने कुछ देर सोच कर अपना लहंगा उतार दिया। जिस पर मैल भीगने की वजह से और भी नुमायां होगया था। लहंगा उतार कर उसने एक तरफ रख दिया और जल्दी से धोती अपनी रानों पर डाल ली। फिर उसने अपनी तंग भिंची भिंची चोली उतारने की कोशिश की जिसके दोनों किनारों को मिला कर उसने एक गांठ दे रखी थी। वो गांठ उसके तंदुरुस्त सीने के नन्हे लेकिन समटीले गढ़े में छिप गई थी।

देर तक वो अपने घिसे हुए नाखुनों की मदद से चोली की गांठ खोलने की कोशिश करती रही जो भीगने की वजह से बहुत ज्यादा मजबूत होगई थी। जब थक हार कर बैठ गई तो उसने मराठी जबान में रणधीर से कुछ कहा जिसका मतलब ये था, "मैं क्या करूं... नहीं निकलती।"

रणधीर उसके पास बैठ गया और गांठ खोलने लगा। जब नहीं खुली तो उसने चोली के दोनों सिरों को दोनों हाथों में पकड़ कर इस जोर से झटका दिया कि गांठ सरासर फैल गई और इसके साथ ही दो धड़कती हुई छातियां एक दम से नुमायां होगईं।

लम्हा भर के लिए रणधीर ने सोचा कि उसके अपने हाथों ने इस घाटन लड़की के सीने पर, नर्म नर्म गुँधी हुई मिट्टी को माहिर कुम्हार की तरह दो प्यालों की शक्ल बना दी है।

उसकी सेहत मंद छातियों में वही गुदगुदाहट, वही धड़कन, वही गोलाई, वही गर्मगर्म ठंडक थी जो कुम्हार के हाथों से निकले हुए ताजा बर्तनों में होती है।

मटमैले रंग की जवान छातियों में जो बिल्कुल कुंवारी थीं। एक अजीब-ओ-गरीब क़िस्म की चमक पैदा करदी थी जो चमक होते हुए भी चमक नहीं थी। उसके सीने पर ये ऐसे दीये मालूम होते थे जो तालाब के गदले पानी पर जल रहे थे।

बरसात के यही दिन थे। खिड़की के बाहर पीपल के पत्ते इसी तरह कपकपा रहे थे। लड़की के दोनों कपड़े जो पानी में शराबोर हो चुके थे एक गदले ढेर की सूरत में पड़े थे और वो रणधीर के साथ चिपटी हुई थी। उसके नंगे बदन की गर्मी उसके जिस्म में ऐसी हलचल सी पैदा कर रही थी जो सख्त जाड़े के दिनों में नाइयों के गर्म हमामों में नहाते वक्त महसूस हुआ करती है।

दिन भर वो रणधीर के साथ चिपटी रही... दोनों जैसे एक दूसरे के गड मड होगए थे। उन्होंने बमुशकिल एक दो बातें की होंगी। क्योंकि जो कुछ भी होरहा था सांसों, होंटों और हाथों से तय हो रहा था। रणधीर के हाथ सारी की छातियों पर हवा के झोंकों की तरह फिरते रहे। छोटी छोटी चूचियां और मोटे-मोटे गोल दाने जो चारों तरफ एक स्याह दायरे की शक्ल में फैले हुए थे हवाई झोंकों से जाग उठते और उस घाटन लड़की के पूरे बदन में एक सरसरा. हट पैदा हो जाती कि ख़ुद रणधीर भी कपकपा उठता।

ऐसी कपकपाहटों से रणधीर का सैकड़ों बार वास्ता पड़ चुका था। वो उनको बख़ूबी जानता था। कई लड़कियों के नर्म-ओ-ना. जुक और सख्त सीनों से अपना सीना मिला कर कई कई रातें गुजार चुका था। वो ऐसी लड़कियों के साथ भी रह चुका था जो बिल्कुल उसके साथ लिपट कर घर की वो सारी बातें सुना दिया करती थीं जो किसी गैर के लिए नहीं होतीं। वो ऐसी लड़कियों से भी जिस्मानी तअल्लुक क़ायम कर चुका था जो सारी मेहनत करती थीं और उसे कोई तकलीफ नहीं देती थीं... लेकिन ये घाटन लड़की जो पेड़ के नीचे भीगी हुई खड़ी थी और जिसे उसने इशारे से ऊपर बुला लिया था, मुख्तलिफ क़िस्म की लड़की थी।

सारी रात रणधीर को उसके जिस्म से एक अजीब क़िस्म की बू आती रही थी। उस बू को जो ब-यक-वक्त ख़ुशबू भी थी और बदबू भी... वो सारी रात पीता रहा। उसकी बगलों से, उसकी छातियों से, उसके बालों से, उसके पेट से, जिस्म के हर हिस्से से ये जो बदबू भी थी और ख़ुशबू भी, रणधीर के पूरे सरापा में बस

गई थी। सारी रात वो सोचता रहा था कि ये घाटन लड़की बिल्कुल करीब होने पर भी हर्गिज इतनी करीब न होती अगर उसके जिस्म से ये बू न उड़ती... ये बू उसके दिल-ओ-दिमाग की हर सलवट में रेंग रही थी। उसके तमाम नए- पुराने महसूसात में रच गई थी।

उस बू ने उस लड़की और रणधीर को जैसे एक दूसरे से हम-आहंग कर दिया था। दोनों एक दूसरे में मुदगम होगए थे। उन बेकरां गहराईयों में उतर गए थे जहां पहुंच कर इंसान एक खालिस इंसानी तस्कीन से महजूज होता है। ऐसी तस्कीन जो लम्हाती होने पर भी जाविदां थी। मुसलसल तगय्युर पजीर होने पर भी मजबूत और मुस्तहकम थी। दोनों एक ऐसा जवाब बन गए थे जो आसमान के नीले ख़ला में माइल-ए-परवाज रहने पर भी दिखाई देता रहे।

उस बू को जो उस घाटन लड़की के अंग अंग से फूट रही थी रणधीर बख़ूबी समझता था लेकिन समझते हुए भी वो उसका तजजिया नहीं कर सकता था। जिस तरह कभी मिट्टी पर पानी छिड़कने से सोंधी-सोंधी बू निकलती है... लेकिन नहीं, वो बू कुछ और तरह की थी। उसमें लैवेंडर और इत्र की आमेजिश नहीं थी, वो बिल्कुल असली थी... औरत और मर्द के जिस्मानी तअल्लुकात की तरह असली और मुकद्दस।

रणधीर को पसीने की बू से सख्त नफरत थी। नहाने के बाद वो हमेशा बगलों वगैरा में पाउडर छिड़कता था या कोई ऐसी दवा इस्तेमाल करता था जिससे वो बदबू जाती रहे लेकिन तअज्जुब है कि उसने कई बार... हाँ कई बार उस घाटन लड़की की बालों भरी बगलों को चूमा और उसे बिल्कुल घिन नहीं आई बल्कि अजीब क़िस्म की तस्कीन का एहसास हुआ। रणधीर को ऐसा लगता था कि वो उसे पहचानता है। उसके मानी भी समझता है लेकिन किसी और को नहीं समझा सकता।

बरसात के यही दिन थे... यूं ही खिड़की के बाहर जब उसने देखा तो पीपल इसी तरह नहा रहे थे। हवा में सरसराहटें और फड़फड़ाहटें घुली हुई थीं।

उसमें दबी-दबी धुंदली सी रौशनी समाई हुई थी। जैसे बारिश की बूंदों का हल्का फुलका गुबार नीचे उतर आया हो... बरसात के यही दिन थे जब मेरे कमरे में सागवान का सिर्फ एक ही पलंग था। लेकिन अब इसके साथ एक और पलंग भी था और कोने में एक नई ड्रेसिंग टेबल भी मौजूद थी। दिन लंबे थे, मौसम भी बिल्कुल वैसा ही था। बारिश की बूंदों के हमराह सितारों की तरह उसका गुबार सा इसी तरह उतर रहा था लेकिन फिजा में हिना के इत्र की तेज खुश्बू बसी हुई थी।

दूसरा पलंग खाली था। उस पलंग पर रणधीर औंधे मुँह लेटा खिड़की के बाहर पीपल के पत्तों पर बारिश की बूंदों का रक्स देख रहा था। एक गोरी चिट्टी लड़की जिस्म को चादर में छिपाने की नाकाम कोशिश करते करते करीब-करीब सो गई। उसकी सुर्ख़ रेशमी शलवार दूसरे पलंग पर पड़ी थी जिसके गहरे सुर्ख़ रंग का एक फुंदना नीचे लटक रहा था। पलंग पर उसके दूसरे उतारे कपड़े भी पड़े थे। सुनहरी फूलदार जंपर, अंगिया, जंगिया और दुपट्टा सुर्ख़ था। गहरा सुर्ख़ और इन सब में हिना के इत्र की तेज खुश्बू बसी हुई थी। लड़की के स्याह बालों में मुक्केश के जर्रे धूल के जर्रों की तरह जमे हुए थे। चेहरे पर पाउडर, सुर्खी और मुक्केश के इन जर्रों ने मिल जुल कर एक अजीब रंग बिखेर दिया था... बेनाम सा उड़ा उड़ा रंग और उसके गोरे सीने पर कच्चे रंग के जगह जगह सुर्ख़ धब्बे बना दिए थे।

छातियां दूध की तरह सफेद थीं... उनमें हल्का-हल्का नीलापन भी था। बगलों के बाल मुंडे हुए थे जिसकी वजह से वहां सुरमई गुबार सा पैदा हो गया था।

रणधीर उस लड़की की तरफ देख देख कर कई बार सोच चुका था... क्या ऐसा नहीं लगता जैसे मैंने अभी अभी कीलें उखेड़ कर उसको लकड़ी के बंद बक्स में से निकाला हो।

किताबों और चीनी के बर्तनों पर हल्की हल्की खराशें पड़ जाती हैं, ठीक उसी तरह उस लड़की के जिस्म पर भी कई निशान थे।

जब रणधीर ने उसकी तंग और चुस्त अंगिया की डोरियां खोली थीं तो उसकी पीठ पर और सामने सीने पर नर्म नर्म गोश्त पर झुर्रियां सी बनी हुई थीं और कमर के चारों तरफ कस कर बांधे हुए इजारबंद का निशान... वजनी और नुकीले जड़ाऊ नेकलस से उसके सीने पर कई जगह खराशें पड़ गई थीं। जैसे नाखुनों से बड़े जोर से खुजाया गया हो।

बरसात के वही दिन थे। पीपल के नर्म नर्म पत्तों पर बारिश की बूंदें गिरने से वैसी ही आवाज पैदा होरही थी जैसी रणधीर उस दिन सारी रात सुनता रहा था। मौसम बेहद सुहाना था। ठंडी ठंडी हवा चल रही थी लेकिन उसमें हिना के इत्र की तेज ख़ुश्बू घुली हुई थी।

रणधीर के हाथ बहुत देर तक उस गोरी चिट्टी लड़की के कच्चे दूध की तरह सफेद सीने पर हवा के झोंकों की तरह फिरते रहे थे। उसकी उंगलियों ने उस गोरे गोरे बदन में कई चिनगारियां दौड़ती हुई महसूस की थीं। इस नाजुक बदन में कई जगहों पर सिमटी हुई कपकपाहटों का भी उसे पता चला था जब उसने अपना सीना उसके सीने के साथ मिलाया तो रणधीर के जिस्म के हर रोंगटे ने उस लड़की के बदन के छिड़े हुए तारों की भी आवाज सुनी थी... मगर वो आवाज कहाँ थी?

वो पुकार जो उसने घाटन लड़की के बदन में देखी थी... वो पुकार जो दूध के प्यासे बच्चे के रोने से ज्यादा होती है, वो पुकार जो हल्का-ए-ख्वाब से निकल कर बेआवाज हो गई थी।

रणधीर खिड़की से बाहर देख रहा था। उसके बिल्कुल करीब ही पीपल के नहाते हुए पत्ते थरथरा रहे थे। वो उनकी मस्ती भरी कपकपाहटों के उस पार कहीं बहुत दूर देखने की कोशिश कर रहा था जहां मठीले बादलों में अजीब-ओ-गरीब क़िस्म की रौशनी घुली हुई दिखाई दे रही थी... ठीक वैसे ही जैसी उस घाटन लड़की के सीने में उसे नजर आती थी। ऐसी पुरअसरार गुफ्तगु की तरह दबी लेकिन वाजेह थी।

रणधीर के पहलू में एक गोरी चिट्टी लड़की... जिसका जिस्म दूध और घी में गुँधे मैदे की तरह मुलाइम था, लेटी थी... उसके नींद से माते बदन से हिना के इत्र की ख़ुश्बू आरही थी... जो अब थकी थकी सी मालूम होती थी। रणधीर को ये दम तोड़ती और जनों की हुई ख़ुश्बू बहुत बुरी मालूम हुई। उसमें कुछ खटास थी. .. एक अजीब क़िस्म की जैसी बदहजमी के डकारों में होती है। उदास... बेरंग... बेचौन।

रणधीर ने अपने पहलू में लेटी हुई लड़की की तरफ देखा। जिस तरह फटे हुए दूध के बेरंग पानी में सफेद मुर्दा फुटकियां तैरने लगती हैं उसी तरह उस लड़की के जिस्म पर खराशें और धब्बे तैर रहे थे और वो हिना के इत्र की ऊटपटांग ख़ुश्बू... रणधीर के दिल-ओ-दिमाग में वो बू बसी हुई थी जो उस घाटन लड़की के जिस्म से बना किसी कोशिश के अज ख़ुद निकल रही थी। वो बू जो हिना के इत्र से कहीं ज्यादा हल्की फुल्की और दबी हुई थी जिसमें सूंघे जाने की कोशिश शामिल नहीं थी। वो ख़ुदबख़ुद नाक के अंदर घुस कर अपनी सही मंजिल पर पहुंच जाती थी।

रणधीर ने आखिरी कोशिश के तौर पर उस लड़की के दूधिया जिस्म पर हाथ फेरा लेकिन कपकपी महसूस न हुई... उसकी नई नवेली बीवी जो एक फर्स्ट क्लास मजिस्ट्रेट की बीवी थी, जिसने बी.ए. तक तालीम हासिल की थी और जो अपने कॉलिज के सैकड़ों लड़कों के दिलों की धड़कन थी, रणधीर की किसी भी हिस्स को न छू सकी। वो हिना की ख़ुशबू में उस बू को तलाश कर रहा था जो उन्हीं दिनों में जबकि खिड़की के बाहर पीपल के पत्ते बारिश में नहा रहे थे। इस घाटन लड़की के मैले बदन से आई थी।